Nähen & stricken
für die Kleinsten

Angela Mayer Spannagel
Svenja Morbach

Nähen & stricken
für die Kleinsten

Tolle Klamotten zum Toben, Spielen und Spaßhaben

Inhalt

Einführung

INDIVIDUELLE STÜCKE FÜR DEN NACHWUCHS

Sie erwarten Nachwuchs oder jemand im Freundes- oder Verwandtenkreis bekommt ein Baby? Sie möchten Ihr Kind in den ersten Lebensjahren von Kopf bis Fuß mit selbst gemachter Kleidung ausstaffieren? Sie verfügen bereits über Grundkenntnisse im Nähen, Stricken und Häkeln? Dann ist unser Buch für Sie goldrichtig! Es möchte Sie und Ihr Kind in dessen ersten drei Lebensjahren begleiten und enthält alle beliebten und wichtigen Schnitte, die Ihr Kind in diesem Zeitraum benötigt: Von der auslaufsicheren Schwimmwindel über die praktische Outdoorstrickjacke bis zur unverzichtbaren Matschhose finden Sie hier alles – und in verschiedenen Größen!

Hierbei war uns vor allem wichtig, die Bewegungsfreiheit der Kinder durch die Kleidung nicht einzuschränken. Auch die Mitwachsfunktion mithilfe von längeren Bündchen (die man bei Bedarf nach oben oder unten klappen kann) und der doppelten Druckknopfleiste bei den Bodys waren für uns von entscheidender Bedeutung – so passt das einzelne Stück länger. Ebenso lag uns die Variabilität der Schnitte sehr am Herzen. Body oder Shirt beispielsweise können wahlweise mit langen oder kurzen Ärmeln oder der Walkanzug gefüttert oder ungefüttert genäht werden – je nach Jahreszeit.

Die Modelle in dem Buch decken die komplette Garderobe ab. Wir beginnen mit der Unter- und Nachtwäsche sowie praktischen Accessoires. Es folgen Oberteile, Hosen und Kleider sowie Outdoorkleidung. Zu allen Stücken erwarten Sie detailliert beschriebene und anschaulich bebilderte Anleitungen, die Sie Schritt für Schritt zu einem gelungenen Ergebnis führen. Wie anspruchsvoll ein Modell ist, erkennen Sie an den Symbolen zu Beginn jeder Anleitung:

Zudem haben wir uns auch mit Themen wie »Nähen mit Jersey«, »Sticken«, »Häkelminis« und »Applizieren« beschäftigt. Diese eröffnen eine riesige Bandbreite an Möglichkeiten, um mit einfachen Mitteln schlichten Kleidungsstücken eine ganz besondere, persönliche Note zu verleihen.

Die einzelnen Schnittmusterbogen für die Nähprojekte mit den Größen 56 bis 98 befinden sich in der Papiertasche hinten im Buch. Die Bogen können einzeln herausgenommen und die gewünschte Größe unkompliziert auf Schnittmusterpapier übertragen werden.

DIE RICHTIGE GRÖSSE

Jedes Kind ist unterschiedlich und nicht alle wachsen gleich schnell; die einen sind zarter, die anderen haben mehr Babyspeck. Manche haben einen vergleichsweise langen Oberkörper, andere eher lange Beine. Deshalb ist es kaum möglich einen Schnitt zu konstruieren, der jedem Kind in einem bestimmten Alter passt.

Wählen Sie die richtige Größe zunächst ausgehend von der aktuellen Körpergröße, anschließend können Sie in der Tabelle (siehe S. 8) den Brustumfang sowie die Arm- und Beinlängen vergleichen. Falls es Differenzen gibt (zum Beispiel bei einem schmalen Kind), können Sie zwei Größen miteinander kombinieren, indem Sie die Länge der Größe X mit der Weite der Größe Y abpausen und an den Ecken die Linien verbinden.

Die einzelnen Schnitte sind bis auf den Body, der körpernah ist, weiter als die tatsächlichen Körpermaße in der Tabelle, damit die Kleidungsstücke bequem sitzen und man gegebenenfalls noch weitere Lagen darunter tragen kann. Wenn das Kind Stoffwindeln trägt, sollte man im Bereich des Pos eine Größe höher wählen.

Größe	Alter	Körpergröße	Brustumfang	Armlänge (Schulter bis Handgelenk)	Innere Beinlänge, ca.	Rumpf, ca. (Halsausschnitt hinten bis zum Schritt)
56	1–2 Monate	51–56 cm	42 cm	21 cm	15 cm	31 cm
62	2–3 Monate	57–61 cm	44 cm	22,5 cm	17,5 cm	33 cm
68	3–6 Monate	63–68 cm	46,5 cm	23,5 cm	20,5 cm	35 cm
74	7–9 Monate	69–74 cm	48,5 cm	24,7 cm	23,5 cm	37 cm
80	10–12 Monate	75–80 cm	50,5 cm	27 cm	26,5 cm	39 cm
86	13–18 Monate	81–86 cm	52,5 cm	28,5 cm	29 cm	41 cm
92	1,5–2 Jahre	87–92 cm	55 cm	30 cm	32 cm	43 cm
98	2–3 Jahre	93–98 cm	57 cm	32,5 cm	35 cm	45 cm

EINE ALLTAGSTAUGLICHE BABYKOLLEKTION PLANEN

Handarbeiten ist ein kreatives und sehr befriedigendes Hobby. Gerade beim Nähen ist man oftmals begeistert von seinen eigenen Werken, die man in relativ kurzer Zeit fertiggestellt hat. Von diesem Erfolgserlebnis beflügelt lockt die Nähmaschine nach kurzer Zeit wieder und ein weiteres Stück entsteht. Gleicher Schnitt, anderer Stoff – was das für einen Unterschied macht!

So geschieht es, dass der Kleiderschrank nach kurzer Zeit gut gefüllt ist. Sie haben eine stattliche Anzahl von Kleidungsstücken für Ihr Kind genäht, aber leider nicht bedacht, was Ihr Kind wirklich braucht. Deshalb ist eine ausgeklügelte Planung von Modelle und Farben für Babys erste Kollektion unabdingbar. Nur so gelingt es Ihnen, in kurzer Zeit eine wohlüberlegte Kollektion zu entwerfen, bei der die Kleidungsstücke miteinander gut kombinierbar sind.

Erstellung eines Moodboards

Gestalten Sie digital oder anhand einer klassischen Papiercollage ein Moodboard. Alles, was Ihnen gefällt, können Sie auf diese Tafel pinnen: Fotos von Stoffen und Garnen oder echte Stoffmuster, komplette Outfits von bekannten Labels oder Fotos von

Schnitten, Farbgruppen und Mustern. Das fertige Moodboard hilft Ihnen entscheidend weiter. Sie können nun auf einen Blick erkennen, welche Farben anhand ihres Boards dominieren oder welchen Trend Sie schnitttechnisch gerade verfolgen.

Bestandsaufnahme in Babys Kleiderschrank

Bevor es nun ans Handarbeiten geht, sollten Sie sich einen Überblick verschaffen, was wirklich gebraucht wird. Analysieren Sie den Bestand: Was genau hat Ihr Kind im Schrank? Was fehlt für die kommende Jahreszeit? Sind Matschhose und warme Socken für die Gummistiefel vorhanden? Fehlt noch eine Wollhose, die das Kind zum Spielen oder als wärmende Schicht unter der Matschhose tragen kann? Erstellen Sie mit Bedacht Ihre ganz individuelle Kleiderliste.

Schnitte finden mit einem Griff

Nachdem Sie eine ausführliche Liste erstellt haben, kaufen Sie einen Aktenordner, ein Register oder Trennblätter sowie eine Packung Prospekthüllen. Beschriften Sie vier Registertrennblätter mit »Wäsche und Accessoires«, »Oberteile«, »Hosen und Kleider« und »Outdoorkleidung«. Ist der Ordner später mit allen Schnitten gefüllt, finden Sie die gewünschten Projekte mit einem Griff.

Die Suche nach dem perfekten Schnitt

Nehmen Sie die Maße Ihres Kindes und bestimmen Sie so die genaue Kleidergröße. Dann wählen Sie die Kleidungsstücke aus, die Sie anfertigen möchten. Kopieren Sie alle benötigten Teile in der korrekten Größe auf Schnittmusterpapier und schneiden Sie sie aus. Bitte denken Sie daran, alle Schnittteile detailliert zu beschriften und in einer Prospekthülle in der entsprechenden Rubrik abzuheften, bevor Sie das nächste Projekt in Angriff nehmen. Bei den geplanten Strickprojekten können Sie sich die Anleitung aus dem Buch fotokopieren oder abfotografieren. So können Sie sie auch unterwegs mitnehmen und nach Belieben Notizen machen.

Strategisch einkaufen

Bevor es an den freudigen Teil, das Shoppen, geht, schreiben Sie einen Einkaufszettel. Wie viel verschiedene Stoffarten brauchen Sie und wie viel davon? Werden auch Kurzwaren wie Reißverschluss, Schrägband, Druckknöpfe oder normale Knöpfe und Garn benötigt? Gehen Sie dabei noch einmal den Bestand des Kleiderschranks im Kopf durch und überlegen Sie, was zusammenpassen soll. Bei der Stoff- und Garnauswahl ist es sehr wichtig, dass Sie sich für gute Qualität entscheiden. Sehr zu empfehlen sind vor allem für Babys und Kleinkinder GOTS-zertifizierte (Global Organic Textile Standard) Biostoffe und -garne.

Haben Sie alle Punkte beachtet? Dann kann es endlich losgehen, den Kleiderschrank Ihres Kindes mit einzigartigen Stücken zu füllen! Wir wünschen Ihnen damit viel Freude und natürlich gutes Gelingen!

Tag und Nacht warm eingepackt

Wäsche & Accessoires

Damit die Kleinen weder tagsüber noch nachts frieren, gibt es ein paar Accessoires, die in keinem Kleiderschrank fehlen sollten – neben Klassikern wie einem Body, einem Schlafanzug oder einer Babydecke gehört dazu auch ein kuscheliger Schlafsack. Für stets warme Füßchen sorgen gestrickte Ringelsöckchen und Stulpen oder genähte Lederpuschen.

Wonneproppen

Body in zwei Varianten

Ein Body darf in keinem Babykleiderschrank fehlen. Für die ganz Kleinen gibt es die Wickelbody-Variante, die einfach an- und auszuziehen ist. Für die Größeren eignet sich der Body mit amerikanischem Ausschnitt zum Mitwachsen.

Sie brauchen

Stoff

Es eignen sich alle dehnbaren Jerseystoffe.

Für den Body mit amerikanischem Ausschnitt
- 50 (55:60:60:65:65:70:70) cm Jerseystoff, 140 cm breit
- 125 (130:135:140:140:145:150:150) cm Jerseystreifen, 4 cm breit

Für den Wickelbody
- 50 (55:60:60) cm Jerseystoff, 140 cm breit
- 195 (205:215:220) cm Jerseystreifen, 4 cm breit

Für beide Bodys
- Evtl. 20 cm Bündchenstoff für Armbündchen

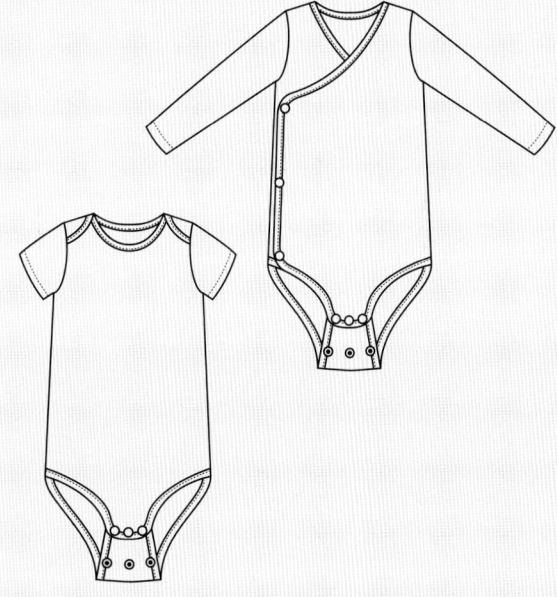

Weiteres Material & Zubehör

- Jerseydruckknöpfe, 6 für den Body mit amerikanischem Ausschnitt, 12 für den Wickelbody
- Gummiband, 15 cm lang, maximal 1 cm breit
- Passendes Nähgarn

13

 # Zuschneiden

Body mit amerikanischem Ausschnitt

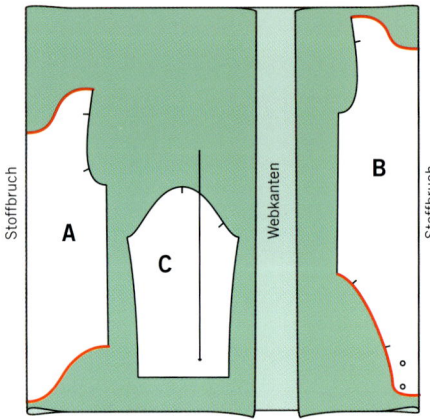

Wickelbody

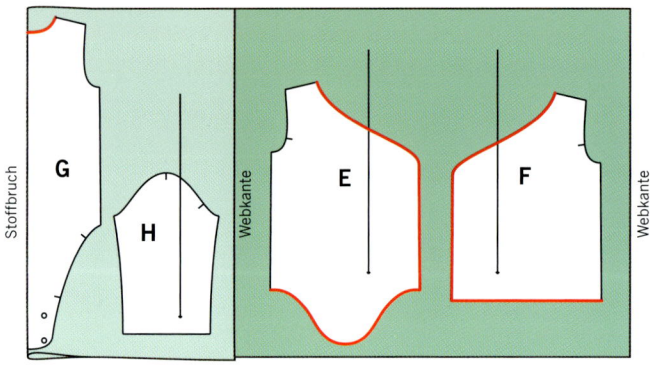

Body mit amerikanischem Ausschnitt
Schnittmusterbogen 2 orange
Größe 56 (62:68:74:80:86:92:98)
Schnittteile
A Vorderteil: 1× im Stoffbruch aus Jersey
B Rückenteil: 1× im Stoffbruch aus Jersey
C Ärmel: 2× aus Jersey (eventuell gekürzt
für Bündchen)
Armbündchen (optional): 2× aus Bündchenstoff

Wickelbody
Schnittmusterbogen 2 orange
Größe 56 (62:68:74)
Schnittteile
E Vorderteil rechts: 1× aus Jersey
F Vorderteil links: 1× aus Jersey
G Rückenteil: 1× im Stoffbruch aus Jersey
H Ärmel: 2× aus Jersey (eventuell gekürzt
für Bündchen)
Armbündchen (optional): 2× aus Bündchenstoff

Die Schnittteile gemäß Lageplan mit 1 cm Nahtzugabe zuschneiden, an den rot markierten Kanten
ohne Nahtzugabe zuschneiden, an den Bündchen
ist die Nahtzugabe schon enthalten. Markierungen
im Schnittmuster als Knipse in die Nahtzugaben im
Stoff übertragen.

So geht's

BODY MIT AMERIKANISCHEM AUSSCHNITT

01 HALSAUSSCHNITT EINFASSEN
Das Vorderteil mit der linken Stoffseite nach oben auslegen, den Jerseystreifen rechts auf links an der Halsausschnittkante feststecken, dabei an den Außenrundungen das Band glatt feststecken, an der Innenrundung etwas gedehnt. Mit der Overlock oder der Nähmaschine und elastischem Stich mit 1 cm Nahtzugabe festnähen.

02 JERSEYSTREIFEN ABSTEPPEN
Das Vorderteil umdrehen, sodass die rechte Stoffseite oben liegt. Den Jerseystreifen in der Länge zweimal einschlagen und so feststecken, dass die vorherige Naht knapp überdeckt ist. Mit elastischem Stich knappkantig absteppen. Die Mehrweite einbügeln. Das Rückenteil ebenso vorbereiten. Achtung: Die Längenangabe für den Jerseystreifen ist großzügig bemessen; bitte gedehnt wie in der Anleitung beschrieben annähen und einfach abschneiden, was übersteht.

03 SCHULTERN ZUSAMMENNÄHEN
Das Vorderteil links auf rechts so auf das Rückenteil legen, dass die beiden oberen Knipse von Vorder- und Rückenteil im Armausschnitt aufeinanderliegen. Jeweils von Einfassung zu Einfassung nähen und so Vorder- und Rückenteil miteinander verbinden.

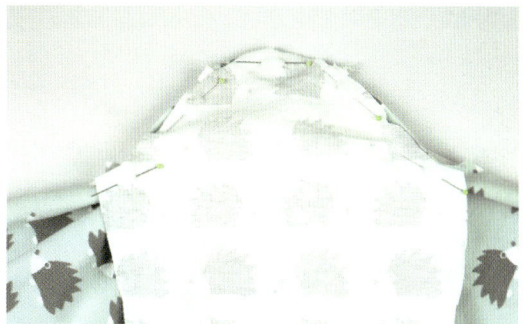

04 ÄRMEL EINSETZEN
Die Ärmel mit 1 cm Nahtzugabe einnähen, darauf achten, dass der obere Ärmelknips auf dem Knips an der Schulter liegt und der untere Knips auf dem Knips im Vorderteil.

05 SEITENNÄHTE SCHLIESSEN

Vorder- und Rückenteil sowie Ärmel rechts auf rechts aufeinanderlegen und die Seiten- und Ärmelnähte pro Seite in einem Zug zusammennähen. Die Nahtzugaben zum Rückenteil hin bügeln.

06 ÄRMELSAUM

Den Ärmelsaum versäubern und 2 cm nach links umbügeln. Mit einem elastischen Stich absteppen. Alternativ ein Bündchen aus Bündchenstoff annähen. Dazu das Bündchenschnittteil an den langen Seiten rechts auf rechts zusammennähen, zur Hälfte so umschlagen, dass die Nahtzugaben zwischen den Stofflagen liegen. Die bündig liegenden offenen Kanten leicht gedehnt an den Ärmelsaum nähen.

07 RAFFUNG AM BEINAUSSCHNITT

Am Beinausschnitt des Rückenteils gibt es auf jeder Seite 2 Knipse. Zwischen diese beiden Knipse ein Stück Gummi (für Größe 56–74 5 cm lang, für Größe 80–98 6 cm lang) gedehnt entlang der Stoffkante auf die linke Stoffseite nähen, sodass das Poteil später etwas aufplustert und über die Windel passt. Je nachdem, wie steif das Gummiband ist, kann es sein, dass die Stücke etwas länger sein müssen. An der anderen Seite wiederholen. Beim Annähen einen möglichst großen Geradstich wählen (Stichlänge 4–5), dadurch zieht sich der Gummi wieder schön zusammen.

08 BEINAUSSCHNITT EINFASSEN

Den Beinausschnitt rundum mit Jerseystreifen einfassen, ähnlich wie am Halsausschnitt. Nach dem Feststecken und vor dem Annähen die beiden kurzen Enden zur Runde zusammennähen. Die Gummistücke werden beim Feststecken des Einfassungsbands nicht gedehnt, sondern erst beim Annähen. In diesem Bereich wieder eine möglichst große Stichlänge einstellen.

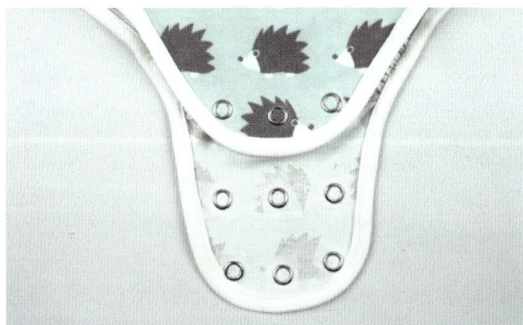

09 DRUCKKNÖPFE ANBRINGEN

Im Schritt die Jerseydruckknöpfe anbringen, 3 am Vorderteil und 6 am Rückenteil. Die zweite Reihe Druckknöpfe am Rückenteil mit jeweils 4 cm Abstand zur ersten Reihe anbringen. Damit die Knöpfe nicht so schnell ausreißen, können Sie die linke Stoffseite mit einem Stück Bügeleinlage verstärken oder aus einem Stoffrest einen kleinen Kreis zuschneiden und von links unterlegen.

So geht's

WICKELBODY

01 SCHULTERNÄHTE SCHLIESSEN
Die Vorderteile rechts auf rechts auf das Rückenteil legen und an den Schultern zusammennähen. Die Nahtzugaben nach hinten bügeln.

02 ÄRMEL EINSETZEN
Ärmel mit 1 cm Nahtzugabe einnähen. Dabei darauf achten, dass der obere Ärmelknips auf der Schulternaht und der untere Knips auf dem Knips im Vorderteil liegt.

03 SEITENNÄHTE SCHLIESSEN
Vorder- und Rückenteil sowie Ärmel rechts auf rechts aufeinanderlegen und die Seiten- und Ärmelnähte in einem Zug zusammennähen. Aufpassen, dass die offenen Vorderseiten nicht versehentlich irgendwo mitgefasst werden. Die Nahtzugaben zum Rückenteil hin bügeln.

04 ÄRMELSAUM
Den Ärmelsaum versäubern und 2 cm nach links umbügeln. Mit einem elastischen Stich absteppen. Alternativ ein Bündchen aus Bündchenstoff annähen (siehe S. 16, Schritt 6).

05 RAFFUNG AM BEINAUSSCHNITT
Am Beinausschnitt des Rückenteils gibt es auf jeder Seite zwei Knipse. Dazwischen wird ein Stück Gummi entlang der Stoffkante auf die linke Stoffseite gedehnt angenäht, sodass das Poteil später etwas aufplustert und über die Windel passt. Die Gummilänge beträgt 5 cm. An der anderen Seite wiederholen. Beim Annähen einen möglichst großen Geradstich wählen (Stichlänge 4–5), dadurch zieht sich der Gummi wieder schön zusammen.

06 OFFENE KANTEN EINFASSEN
Den Body rundum an den offenen Kanten mit Jerseystreifen einfassen (siehe Seite 15, Schritt 1 und 2). Beim Feststecken des Schrägbandes den Gummi am Beinausschnitt nicht dehnen, sondern erst beim Annähen. In diesem Bereich auch wieder eine möglichst große Stichlänge einstellen. Achtung: Die Längenangabe für den Jerseystreifen ist großzügig bemessen; bitte gedehnt annähen und einfach abschneiden, was übersteht.

07 DRUCKKNÖPFE ANBRINGEN
Zum Schluss im Schritt die Jerseydruckknöpfe anbringen: 3 am Vorderteil und 6 am Rückenteil, die zweite Reihe am Rückenteil mit jeweils 4 cm Abstand zur ersten Reihe.

Sandmännchen

Einteiliger Schlafstrampler

Ob lang- oder kürzärmelig, mit diesem weichen Strampler sind die Kleinen nachts immer gut verpackt. Geschlossen wird er durch eine Knopfleiste vorn. Um das Windelwechseln zu erleichtern, kann eine praktische Poklappe ins Rückenteil genäht werden.

Sie brauchen

Stoff

Es eignen sich alle dehnbaren Jerseystoffe (T-Shirt- und Sweatshirtstoffe).

- 50 (55:60:65:70:75:80:80) cm Oberstoff, 140 cm breit
- 30 cm Bündchenstoff bei 140 cm Stoffbreite oder 45 cm Bündchenstoff bei 80 cm Stoffbreite

Weiteres Material & Zubehör

- 12 Jerseydruckknöpfe
- Passendes Nähgarn

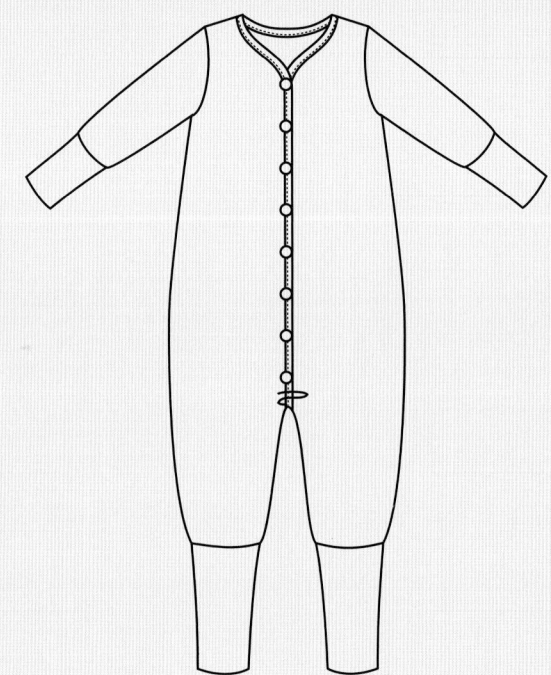

 # Zuschneiden

Schlafanzug ohne Poklappe

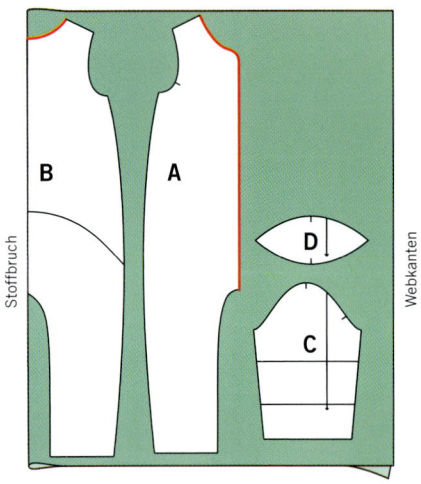

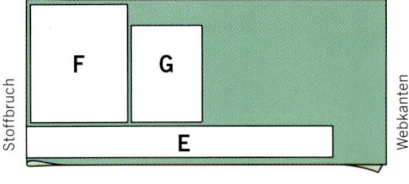

Schlafanzug mit Poklappe

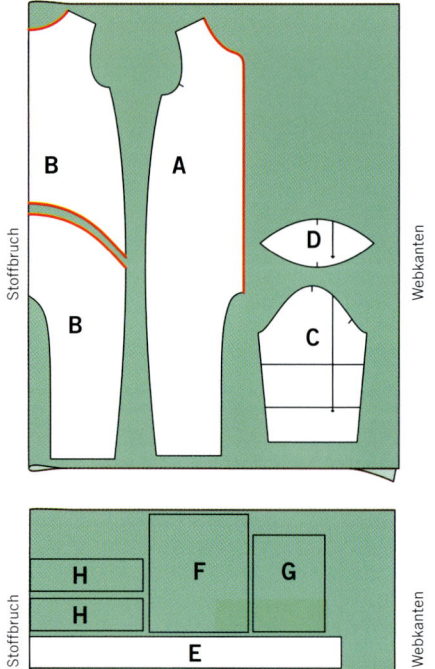

Schnittmusterbogen 5 blau
Größe 56 (62:68:74:80:86:92:98)
Schnittteile

A Vorderteil: 2× aus Jersey
B Rückenteil: 1× im Stoffbruch aus Jersey
C Ärmel: 2× aus Jersey
D Zwickel: 1× aus Jersey
E Knopfleiste: 1× im Stoffbruch aus Bündchenstoff
F Beinbündchen: 2× aus Bündchenstoff
G Armbündchen: 2× aus Bündchenstoff

Beim **Schlafanzug mit Poklappe** das Schnittmuster des Rückenteils (B) nach dem Zuschneiden an der eingezeichneten Linie teilen.

Außerdem zusätzlich folgendes Schnittteil zuschneiden:
H Poklappenbündchen: 2× im Stoffbruch

Entscheiden Sie vorab, ob Sie das Modell mit oder ohne Poklappe nähen wollen, und beschriften Sie die Schnittteile entsprechend.

Die Schnittteile gemäß dem Lageplan mit 1 cm Nahtzugabe zuschneiden, an den rot markierten Kanten ohne Nahtzugabe zuschneiden, an den Bündchen ist die Nahtzugabe schon enthalten. Markierungen im Schnittmuster als Knipse in die Nahtzugaben im Stoff übertragen.

So geht's

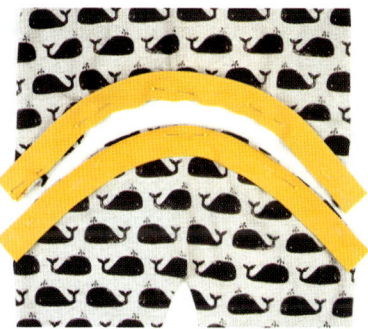

01 POKLAPPE (OPTIONAL)

Die Poklappenbündchen längs und mittig links auf links falten und bügeln. Mit den offenen Kanten ein Bündchen gedehnt an das hintere Oberteil und eins an das hintere Unterteil mit 1 cm Nahtzugabe stecken. An den Seiten stehen die Bündchen etwa 1 cm über. Mit 1 cm Nahtzugabe annähen und die Bündchen nach oben bzw. nach unten bügeln und auf dem Oberstoff absteppen. Das Bündchen des Oberteils exakt über das des Unterteils legen und an den Seiten knappkantig aufeinandernähen. 5 Druckknöpfe gleichmäßig verteilt anbringen.

02 SCHULTERNÄHTE SCHLIESSEN

Ab hier gilt die Anleitung für beide Modelle. Die beiden Vorderteile rechts auf rechts an den Schulternähten auf das Rückenteil legen und die Schultern mit 1 cm Nahtzugabe zusammennähen. Die Nahtzugaben zum Rückenteil hin bügeln.

03 LANGES BÜNDCHEN EINSETZEN

Das Bündchen für Halsausschnitt/ Knopfleiste längs und mittig links auf links falten und bügeln, dann an die vorderen Knopfleisten- kanten und den Halsausschnitt stecken. Am besten unten im Schritt mit der Knopfleiste beginnen, diese ungedehnt bis kurz vor den Halsausschnitt stecken und das Gleiche an der anderen Seite wiederholen. Nun den Rest gedehnt entlang des Halsausschnitts stecken und mit 1 cm Nahtzugabe rundum fest- nähen. Die Nahtzugaben bügeln und ggf. auf dem Oberstoff absteppen. Die Druckknöpfe bis zum Halsausschnitt regelmäßig verteilt anbringen und schließen. Die kurzen Kanten der Bündchen im Schritt übereinanderlegen und knappkantig auf- einandernähen.

04 ÄRMEL EINSETZEN

Die Ärmel rechts auf rechts in die Armausschnitte stecken – an den Knipsen ausrichten – und mit 1 cm Nahtzugabe einnähen. Mit dem zweiten Ärmel genauso verfahren. Bei den kleinen Größen das Armbündchen jetzt schon annähen: Hochkant links auf links falten und bügeln und rechts auf rechts an die offene Ärmelkante nähen. Die lange Seite des Bündchens wird dann in einem Zug mit der Ärmelnaht geschlossen. Dadurch sieht man beim Umschlagen zwar die Nahtzugabe, aber es ist nicht so eng beim Annähen.

05 SEITENNÄHTE SCHLIESSEN

Vorder- und Rückenteil rechts auf rechts aufeinanderstecken. Seiten- und Ärmelnähte mit 1 cm Nahtzugabe schließen. Die Nahtzugaben zum Rückenteil hin bügeln.

06 ZWICKEL EINSETZEN UND BEINNAHT SCHLIESSEN

Den Zwickel rechts auf rechts ans Rückenteil nähen. Der Knips trifft genau mittig auf den Schritt. Danach die Beinnaht von Rückenteil und Vorderteil schließen; auch hier liegt der Zwickel mittig zum Vorderteil.

07 BÜNDCHEN ANNÄHEN

Wenn Sie die Armbündchen schon in Schritt 4 angesetzt haben, fehlen nun nur noch die Beinbündchen. Für größere Größen Arm- und Beinbündchen an den langen Seiten jeweils zum Schlauch schließen, dann doppelt umschlagen, sodass die Naht innen liegt. Die offenen Kanten leicht gedehnt an Ärmel- und Beinabschlüsse nähen.

Prinzessin Langbein

Stulpen für drinnen und draußen

Mit diesen farbigen Stulpen zieht keine kalte Luft zwischen Socken und Hosenaufschlag.

Die Stulpen können für kleinere Kinder mit kürzeren Beinen umgeschlagen werden.

An der Seite ist eine Schlange eingestrickt, die auf beiden Seiten gleich aussieht.

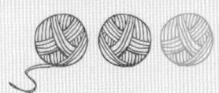

Sie brauchen

Wolle

- Feines Sockengarn mit Farbverlauf, z.B. Zauberball
  Stärke 6 von Schoppel (Lauflänge 400 m/150 g;
  75 % Schurwolle, 25 % Polyamid): 50 g in Rot/
  Farbverlauf (Farbe »Indisch Rosa«) oder Blau-Grün/
  Farbverlauf (Farbe »Der Lenz ist da!«)

Weiteres Material & Zubehör

- Nadelspiel Nr. 3

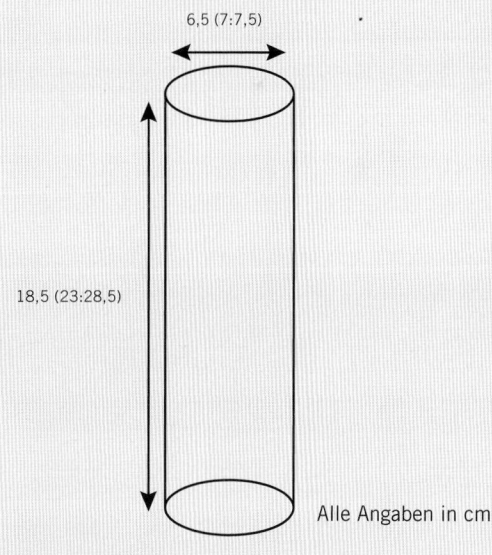

6,5 (7:7,5)

18,5 (23:28,5)

Alle Angaben in cm

Größe 68/74 (80/86:92/98)

Grundmuster

Rippenmuster: 2 Maschen rechts, 2 Maschen links im Wechsel stricken.

Schlangenzopf: Der Schlangenzopf wird in der Anleitung beschrieben.

Maschenprobe

32 Maschen und 38 Reihen im Rippenmuster mit Nadel Nr. 3 = 10 × 10 cm

TIPP

Sind die Kinder herausgewachsen, kann die Mama (oder die ältere Cousine) die Stulpen als Pulswärmer tragen.

So geht's

Mit dem Nadelspiel Nr. 3 56 (60:64) Maschen anschlagen (= 14 (15:16) Maschen pro Nadel) und zur Runde schließen.

Im Rippenmuster 10 Runden stricken.

Den Zopf wie folgt arbeiten:

*10 (11:12) Maschen stricken, die nächsten 4 Maschen auf eine Zopfnadel vor die Arbeit legen, die ersten 4 Maschen der 2. Nadel stricken, wie sie erscheinen, die 4 Maschen der Hilfsnadel stricken, wie sie erscheinen. Die Runde im Grundmuster beenden.

7 Runden im Rippenmuster stricken. Die Maschen des Zopfes stricken, wie sie erscheinen.

In der nächsten Runde wird der Zopf in die andere Richtung gedreht. So verläuft er als doppelte Schlangenlinie über die Stulpe. 10 (11:12) Maschen stricken, die nächsten 4 Maschen auf einer Hilfs-nadel hinter die Arbeit legen, die ersten 4 Maschen der 2. Nadel stricken, die 4 Maschen der Hilfsnadel stricken. Die Runde im Grundmuster beenden.

7 Runden im Rippenmuster stricken. Die Maschen des Zopfes stricken, wie sie erscheinen.

Ab * noch 3 (4:5)× wiederholen.

3 Runden im Grundmuster stricken, dann alle Maschen abketten, wie sie erscheinen. Alle Fäden vernähen.

Wolke sieben

Kuscheliger Schlafsack

Ein Schlafsack ist ideal, weil die Kinder das Deckbett nicht wegstrampeln können und trotzdem viel Bewegungsfreiheit haben. Durch den teilbaren Reißverschluss und die Druckknöpfe an den Schultern lassen sich die Kleinen bequem einpacken.

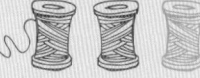

Sie brauchen

Stoff

Es eignen sich gewebte Baumwolle, Sweatshirtstoff, Jersey, Flanell oder Nicki – je nachdem, wie warm der Schlafsack werden soll.
- 20 (25:25:25:25) cm Außenstoff für das Oberteil, 140 cm breit
- 45 (55:60:70:75) cm Außenstoff für das Unterteil, 140 cm breit
- 65 (80:85:95:100) cm Futterstoff, 140 cm breit

Weiteres Material & Zubehör
- Für einen Winterschlafsack
  65 (80:85:95:100) cm Volumenvlies, 140 cm breit
- 1 teilbarer Reißverschluss,
  55 (65:75:85:90) cm lang
- Schrägband, 220 (245:270:295:320) cm lang
- 4 Druckknöpfe
- Passendes Nähgarn

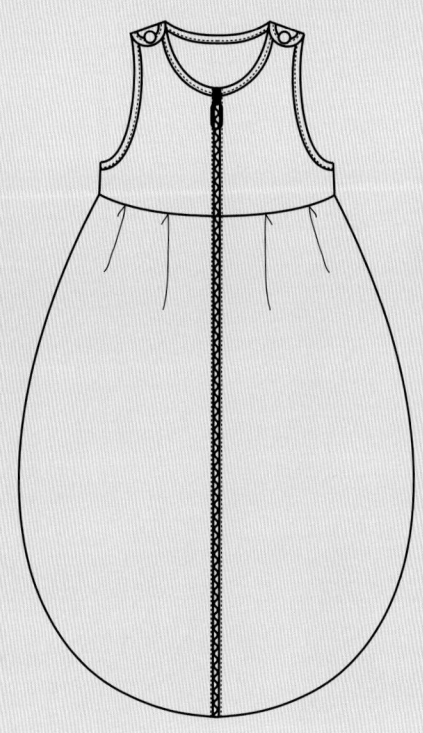

Zuschneiden

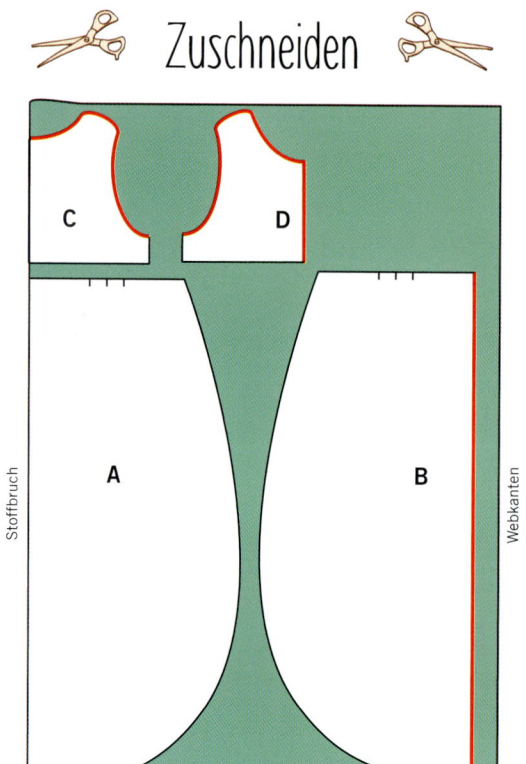

Schnittmusterbogen 4 blau
Größe 50/56 (62/68:74/80:86/92:98/104)
Schnittteile
A Unterteil: jeweils 1× im Stoffbruch aus Außenstoff,
Futterstoff und Volumenvlies
B Unterteil: jeweils 2× aus Außenstoff, Futterstoff
und Volumenvlies
C Oberes Rückenteil: jeweils 1× im Stoffbruch aus
Außenstoff, Futterstoff und Volumenvlies
D Oberes Vorderteil: jeweils 2× aus Außenstoff,
Futterstoff und Volumenvlies

Die Schnittteile gemäß dem Lageplan mit 1 cm
Nahtzugabe zuschneiden, an den rot markierten
Kanten ohne Nahtzugabe zuschneiden. Die
Randmarkierungen im Schnittteil als Knipse in die
Nahtzugaben im Stoff übertragen.

TIPP

Einen Winterschlafsack füttert man mit
einer weichen Watteschicht zwischen
den Stofflagen, im Handel Volumenvlies
genannt. Volumenvlies gibt es in verschiedenen Qualitäten sowie unterschiedlich steif
und dick. Ein Sommerschlafsack kommt
auch ohne diese Lage aus oder Sie wählen
ein sehr dünnes Vlies.

So geht's

01 FUTTERSTOFF UND VOLUMENVLIES VERBINDEN (WINTERSCHLAFSACK)

Futterstoff und Volumenvlies werden verbunden und im weiteren Verlauf zusammen wie eine Stofflage verarbeitet. Dazu alle Teile aus Futterstoff mit der rechten Stoffseite nach oben auf das Volumenvlies stecken und beide Lagen rundum knappkantig zusammennähen. Es gibt auch Volumenvlies zum Aufbügeln, das ist dann allerdings nicht so dick.

02 KELLERFALTEN FIXIEREN

An den Unterteilen aus Außenstoff die insgesamt 4 Kellerfalten legen. Dazu den Stoff an den beiden äußeren der drei Knipse fassen und über dem mittleren Knips zusammenführen. Stecken und knappkantig festnähen. Das Gleiche mit den Unterteilen aus Futterstoff/Volumenvlies wiederholen.

03 OBERTEILE ANNÄHEN

Das hintere Oberteil rechts auf rechts an das hintere Unterteil nähen, je ein vorderes Oberteil rechts auf rechts an das entsprechende Unterteil nähen. Mit dem Futterstoff/Vlies ebenso verfahren.

04 REISSVERSCHLUSS EINNÄHEN

Ein Band des Reißverschlusses rechts auf rechts an die vordere Kante eines Vorderteils stecken und so festnähen, dass der Reißverschlussfuß knapp an den Reißverschlusszähnen entlangläuft. Der Reißverschluss liegt mit dem Ende oben bündig an der Halsausschnittkante und mit dem Anfang unten, wo das Band etwas übersteht. So wird verhindert, dass das Kind den Reißverschluss selbst öffnet oder der Greifer an Gesicht oder Hals drückt. Außerdem muss man den Reißverschluss zum Windelwechseln so nicht komplett öffnen, sondern kann ihn nur bis zur Brust aufziehen. Anschließend das zweite Reißverschlussband ans gegenüberliegende Vorderteil nähen. Darauf achten, dass die Teilungsnähte auf einer Höhe sind. Den Reißverschluss bügeln, aber noch nicht absteppen.

05 VORDER- UND RÜCKENTEIL VERBINDEN

Vorder- und Rückenteil rechts auf rechts aufeinanderstecken und entlang der äußeren Rundung von Armausschnitt zu Armausschnitt mit 1 cm Nahtzugabe zusammennähen.

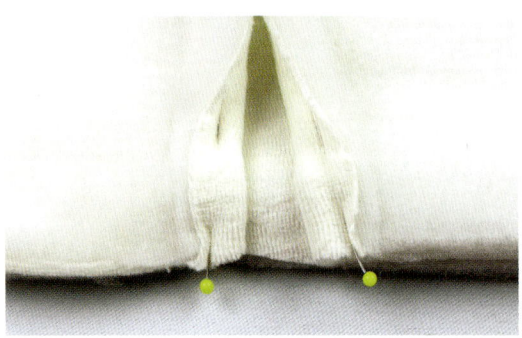

06 FUTTERSTOFF UND VLIES VERBINDEN

Das Gleiche mit dem Futterstoff/Vlies wiederholen. Da hier kein Reißverschluss eingenäht ist, wird das Futter unten an den vorderen offenen Kanten 5 mm nach links umgeschlagen und mit dieser kleinen Falte am Rückenteil festgenäht. Die beiden Vorderteile sind unten 1 cm voneinander entfernt.

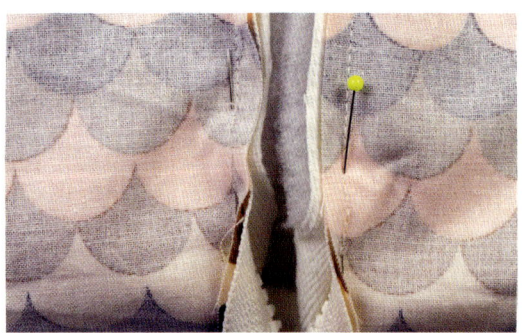

07 FUTTER AM REISSVERSCHLUSS VERSTÜRZEN

Den Schlafsack aus Außenstoff auf links wenden, den aus Futterstoff auf rechts. Den inneren Schlafsack in den äußeren stecken. Die Nahtzugaben von Innen- und Außensack an der Reißverschlusskante rechts auf rechts aufeinanderstecken – der Reißverschluss liegt zwischen den Stofflagen. Die Lagen

so weit, wie es unten geht, zusammennähen. Ein kleines Stück bleibt offen, das kann man später von Hand schließen. Auf der zweiten Seite wiederholen. Nun den Schlafsack auf rechts wenden. Den Reißverschluss bügeln und absteppen.

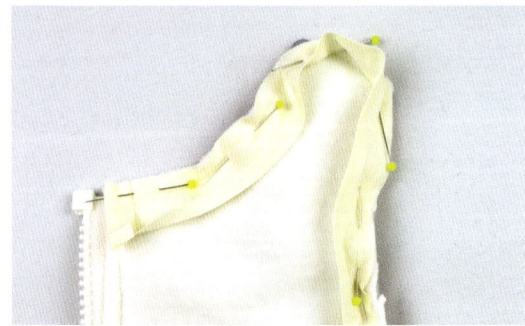

08 AUSSCHNITT EINFASSEN

Die offenen Kanten von Futter- und Außenstoff an der oberen Öffnung bündig aufeinanderstecken und knappkantig steppen. Das vorgestanzte Schrägband auffalten und von der Futterseite aus entlang der Naht feststecken. An den Innenrundungen wird das Schrägband etwas gedehnt, an Außenrundungen locker festgesteckt. An den Reißverschlussenden das Schrägband mit etwas Überstand abschneiden und bündig zum Reißverschluss nach innen einschlagen. Entlang dem ersten Bügelfalz festnähen. Dann das Schrägband um die Stoffkanten legen und von der rechten Schlafsackseite so feststecken, dass die erste Naht knapp überdeckt ist. Knappkantig absteppen und bügeln.

09 DRUCKKNÖPFE ANBRINGEN

Die »Schulteröhrchen« so überlappen, wie sie später liegen sollen. Die Position der Druckknöpfe festlegen und die Knöpfe anbringen.

Jersey nähen

Mit Jersey lassen sich die bequemsten Kleidungsstücke – nicht nur für Kinder – gestalten, aber viele trauen sich nicht ihn zu vernähen. Mit ein paar Tipps geht das aber ganz einfach.

Was ist Jersey?

Jersey ist ein dünner, dehnbarer Stoff, der nicht gewebt ist, sondern gestrickt. Das verleiht ihm seine Elastizität und Weichheit. Für Kinderkleidung eignet sich Baumwolljersey sehr gut. Er ist relativ leicht zu verarbeiten und es gibt ihn mit vielen schönen Motiven. Sweatshirtstoff ist an einer Seite angeraut und somit wärmer und dicker, allerdings auch weniger elastisch. Nicki hat auf einer Stoffseite einen kuscheligen kurzen Flor und ist ebenfalls super für Kinderkleidung. Bündchenstoffe sind in Rippen gestrickt, wodurch sie besonders querelastisch werden. Man nutzt sie für die Abschlüsse an Säumen und am Hals.

Jersey mit der Haushaltsnähmaschine verarbeiten

Wenn man Jersey mit der normalen Nähmaschine verarbeiten möchte, muss man ein paar Dinge beachten. Ganz wichtig ist es, eine spezielle Jerseynadel zu verwenden, da es sonst zu Fehlstichen und Löchern im Stoff kommen kann. Als Stich wählt man einen elastischen Stich, den moderne Maschinen eigentlich alle bieten, zum Beispiel einen Dreifach-Geradstich. Zum Absteppen eines Saums kann man auch einen dreigeteilten Zickzackstich nehmen oder einen imitierten Overlockstich. Falls die Maschine keinen elastischen Stich hat, wählt man einen ganz schmalen Zickzackstich zum Nähen, dadurch bleiben die Nähte elastisch und reißen beim Dehnen des Stoffs nicht. Falls vorhanden, ist ein Obertransportfuß sehr hilfreich. Allgemein gilt: Beim Nähen den Stoff nicht nach hinten ziehen, sondern lieber von vorn etwas schieben. Die Nähte können zunächst Wellen bilden, diese kann man aber mit viel Dampf einbügeln.

Jersey mit der Overlock nähen

Mit der Overlockmaschine lässt sich Jersey deutlich einfacher und schneller verarbeiten, denn sie bietet in der Regel viele Einstellungen, die das Nähen erleichtern, etwa den Differentialtransport. Es ist dennoch wichtig, Jerseynadeln zu verwenden und die Fadenspannung richtig einzustellen. Je nach Jerseydicke kann es auch sein, dass man unterschiedliche Einstellungen braucht, um ein ebenmäßiges Stichbild zu erhalten. Das testet man am besten vor dem Nähen an einem Stoffmuster. Mit der Overlock lassen sich zwei Teile zusammennähen und gleichzeitig versäubern; hier spart man also einen Arbeitsschritt. Die Naht bleibt dabei elastisch, das ist perfekt für Jerseystoffe. Nur Absteppungen – zum Beispiel am Saum – müssen mit einer normalen Maschine und elastischem Stich gemacht werden.

Fliegender Teppich

Warme Allround-Babydecke

Eine Decke fürs Baby wird fast jeden Tag gebraucht, ob als Wickelunterlage,

Spieldecke oder zum Zudecken im Kinderwagen. An diesem schönen wie

praktischen Begleiter haben Mama und Baby lange Freude.

Sie brauchen

Wolle

• Dicke, weiche Merinowolle, z.B. Big Merino Hug von Rosy Green Wool (Lauflänge 160 m/100 g; 100 % Schurwolle): 200 g in Hellgrau (Isar Kiesel), 100 g in Blaugrau (Eismeer), 100 g in Gelb (Sonnenblume), 100 g Türkis (Laguna)

Weiteres Material & Zubehör

• Rundstricknadel Nr. 5
• Maschenmarkierer
• Stumpfe Sticknadel

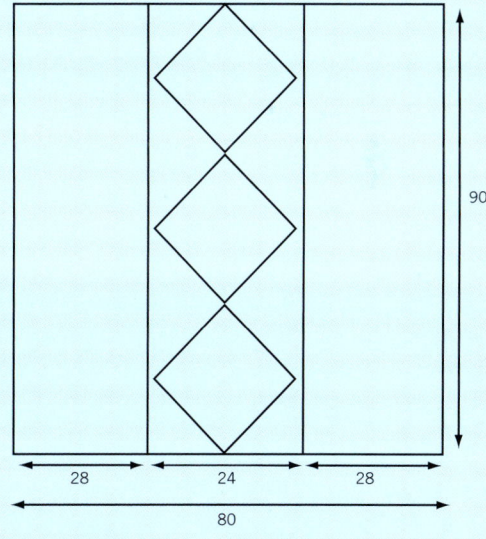

Größe 90 × 80 cm   Alle Angaben in cm

 # Strickschrift

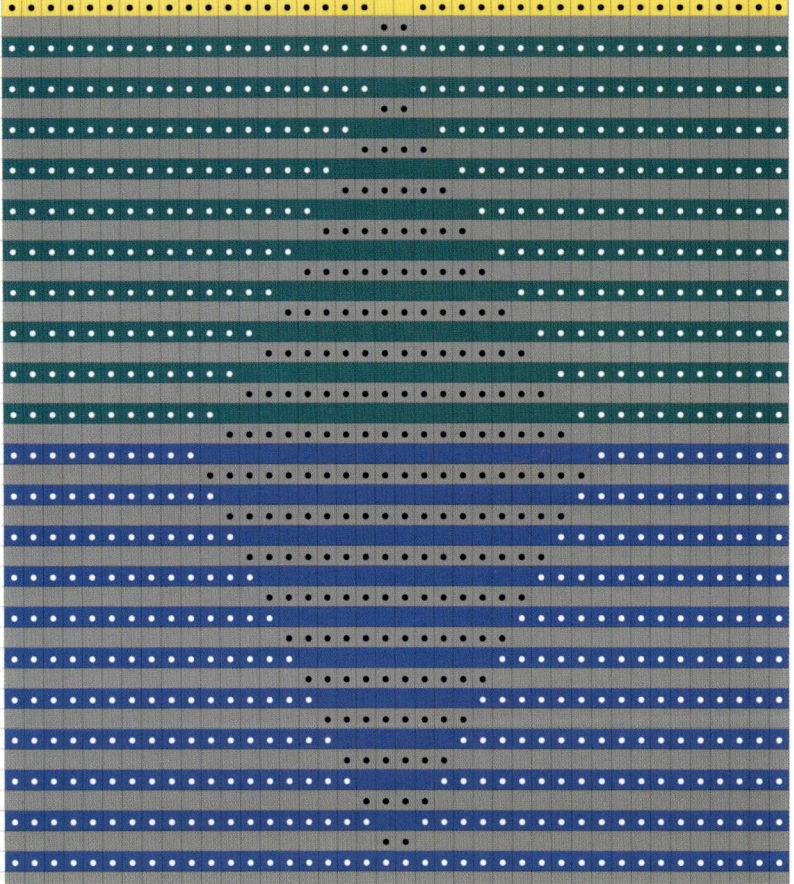

Das Muster wird von rechts unten nach links oben gelesen. Es sind nur die Rückreihen gezeichnet. Die Hinreihen sind immer rechts zu stricken. Hin- und Rückreihe werden in einer Farbe gestrickt.

◻ Rechte Masche in Hellgrau

◼ Linke Masche in Hellgrau

◻ Rechte Masche in Blaugrau

◼ Linke Masche in Blaugrau

◻ Rechte Masche in Türkis

◼ Linke Masche in Türkis

◻ Rechte Masche in Gelb

◼ Linke Masche in Gelb

Grundmuster
»Shadow Knitting«: Dieses Muster ist eigentlich ganz einfach, denn es besteht nur aus rechten und linken Maschen. In der Hinreihe werden immer rechte Maschen gestrickt. In den Rückreihen werden rechte und linke Maschen gemäß Anleitung abgewechselt. Maschenmarkierer helfen, den

Wechsel von rechten zu linken Maschen auch ohne Mitzählen nicht zu versäumen. Es werden jeweils 2 Reihen in einer Farbe gestrickt.

Maschenprobe
18 Maschen und 30 Reihen im Grundmuster mit Nadel Nr. 5 = 10 × 10 cm

So geht's

142 Maschen in Hellgrau mit Nadeln Nr. 5 anschlagen.

In der **2. Reihe (Rückreihe)** mit dem Muster beginnen: Randmasche, 10 Maschen links, 10 Maschen rechts, 10 Maschen links, 10 Maschen rechts, 10 Maschen links, 40 Maschen rechts, 10 Maschen links, 10 Maschen rechts, 10 Maschen links, 10 Maschen rechts, 10 Maschen links, Randmasche.

Zu Blaugrau wechseln.

In der **3. Reihe (Hinreihe)** rechte Maschen stricken.

In der **4. Reihe (Rückreihe)** Randmasche, 10 Maschen rechts, 10 Maschen links, 10 Maschen rechts, 10 Maschen links, 10 Maschen rechts, 40 Maschen links, 10 Maschen rechts, 10 Maschen links, 10 Maschen rechts, 10 Maschen links, 10 Maschen rechts, Randmasche.

Zu Hellgrau wechseln. Die 40 Maschen in der Mitte laut Strickschrift weiterarbeiten, die übrigen Maschen wie Reihe 1–4 stricken. Hinreihen immer nur rechte Maschen!

Nach 44 Reihen zu Türkis wechseln (die erste Raute ist zur Hälfte gestrickt), Hellgrau beibehalten. Abwechselnd 2 Reihen Hellgrau und 2 Reihen Türkis arbeiten.

Nach 84 Reihen (die erste Raute ist fertig) zu Gelb wechseln, Hellgrau beibehalten. Eine ganze Raute in Gelb und Hellgrau arbeiten.

Zu Türkis wechseln. Eine halbe Raute mit Türkis und Hellgrau arbeiten. Zu Blaugrau wechseln und die zweite Hälfte der Raute mit Blaugrau und Hellgrau stricken.

Zum Schluss mit Hellgrau 2 Reihen glatt rechts stricken, dann alle Maschen rechts abketten. Alle Fäden vernähen.

Storchenfuß

Warme Stricksöckchen

Socken kann man gar nicht genug haben! Das weiche Garn ist handgefärbt und von ganz besonderer Qualität. Für den Sommer können Sie die Söckchen in einem Baumwollgarn mit geringem Synthetikanteil stricken.

Sie brauchen

Wolle

- Feines Sockengarn, z.B. Alegria von Manos del Uruguay (Lauflänge 425 m/100 g; 75 % Merino superwash, 25 % Polyamid): 25 g in Rot (Fuego)
- Feines Sockengarn, z.B. Lang Yarns Jawoll (Lauflänge 420 m/100 g; 75 % Schurwolle, 18 % Polyamid, 7 % Polyacryl): 25 g in Wollweiß (Farbe 94)

Weiteres Material & Zubehör

- 1 Nadelspiel Nr. 2,5
- Stumpfe Sticknadel

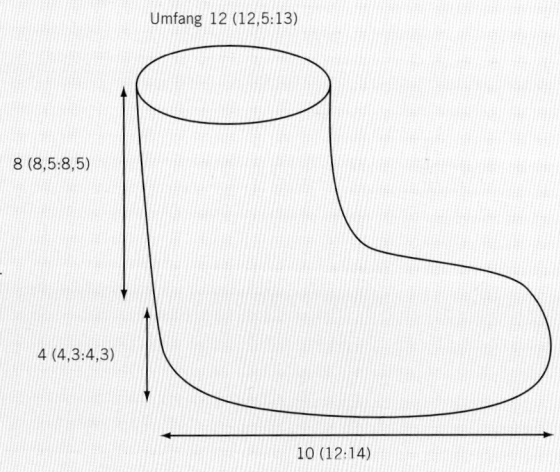

Umfang 12 (12,5:13)

8 (8,5:8,5)

4 (4,3:4,3)

10 (12:14)

Größe 20/22 (23/24:25/26)   Alle Angaben in cm

Grundmuster

Rippenmuster: 2 Maschen rechts, 2 Maschen links im Wechsel stricken.

Glatt rechts: In Hinreihen rechte Maschen, in Rückreihen linke Maschen stricken. In Runden fortlaufend alle Maschen rechts stricken.

Maschenprobe

30 Maschen und 41 Reihen glatt rechts mit Nadeln Nr. 2,5 = 10 × 10 cm

So geht's

Die Söckchen werden vom Bündchen zur Spitze gestrickt.

40 (44:48) Maschen mit Nadeln Nr. 2,5 in Rot anschlagen, gleichmäßig auf vier Nadeln verteilen und 10 Runden glatt rechts stricken (der obere Rand rollt sich später etwas ein).

Im Rippenmuster 12 Runden stricken.

2 Runden glatt rechts stricken.

Wollweiß dazunehmen und glatt rechts 2 Maschen Rot und 2 Maschen Wollweiß im Wechsel stricken, diese Runde noch 2× wiederholen.

12 (14:14) Runden glatt rechts in Rot stricken.

Für die **Ferse** 9 (10:11) Maschen der 1. Nadel abstricken, die 10. (11.:12.) Masche auf die 2. Nadel heben, diese Nadel abstricken, dann die 3. Nadel sowie 1 Masche der 4. Nadel stricken. Die verbleibenden 9 (10:11) Maschen der 4. Nadel abstricken.

Nun über die 18 (20:22) Maschen der 4. und 1. Nadel die Ferse arbeiten.

12 (14:14) Reihen wie folgt stricken:
Hinreihe: 1 Randmasche, 16 (18:20) Maschen rechts, 1 Randmasche.
Rückreihe: 1 Randmasche, 2 Maschen rechts, 12 (14:16) Maschen links, 2 Maschen rechts, 1 Randmasche.

Für das **Fersenkäppchen** wie folgt stricken:
Hinreihe: 1 Randmasche, 3 (4:5) Maschen rechts, die nächsten beiden Maschen rechts verschränkt zusammenstricken, 6 Maschen rechts, die nächsten beiden Maschen rechts zusammenstricken, 3 (4:5) Maschen rechts, mit 1 Randmasche enden.
Rückreihe: 1 Randmasche, 2 Maschen rechts, 10 (12:14) Maschen links, 2 Maschen rechts, 1 Randmasche.

Dann jeweils in der Hinreihe die mittleren 6 Maschen glatt rechts stricken und die Maschen links und rechts davon zusammenstricken, bis nur noch die 6 mittleren Maschen und die 2 Randmaschen übrig sind.

Entlang einer Fersenkante 11 (13:14) Maschen aufnehmen, die 2. und 3. Nadel wieder mitstricken, entlang der anderen Fersenkante 11 (13:14) Maschen aufnehmen und 4 Maschen der 1. Nadel stricken. Jetzt ist die hintere Mitte der Ferse erreicht. Hier liegt der neue Rundenanfang.

Für den **Mittelfuß** in jeder 2. Runde die letzten beiden Maschen der 1. Nadel rechts verschränkt zusammenstricken und die ersten beiden Maschen der 4. Nadel rechts zusammenstricken.

So lange wiederholen, bis 40 (44:48) Maschen auf den Nadeln liegen. Die Maschen gleichmäßig auf die Nadeln verteilen = 10 (11:12) Maschen pro Nadel. Dabei auf den neuen Rundenanfang achten.

Folgenden Farbwechsel arbeiten:
3 Runden Rot, 1 Runde Wollweiß.
Noch 2× wiederholen (= 12 Runden).
3 Runden Rot (= 15 Runden).
2 Runden Wollweiß, 2 Runden Rot.
Noch 2× wiederholen (= 27 Runden).
Rot abschneiden.
Noch 1 (6:10) Runde(n) Wollweiß.

Für die **Sockenspitze** (nur in Wollweiß) *die
1. Nadel bis 3 Maschen vor Nadelende stricken,
2 Maschen rechts verschränkt zusammenstricken,
1 Masche rechts. Von der 2. Nadel 1 Masche rechts stricken, 2 Maschen rechts zusammenstricken, übrige Maschen rechts stricken. Die 3. Nadel rechts bis 3 Maschen vor Nadelende stricken, 2 Maschen rechts verschränkt zusammenstricken, 1 Masche rechts. Von der 4. Nadel 1 Masche rechts stricken, 2 Maschen rechts zusammenstricken, übrige Ma-

schen rechts stricken. 1 Runde ohne Abnahmen rechts stricken.

Ab * wiederholen, bis auf jeder Nadel 4 Maschen übrig sind.

Die Maschen der 1. Nadel stricken. Die Maschen der 2. und 3. Nadel stricken und auf eine Nadel zusammenlegen. Die Maschen der 4. Nadel stricken und mit der gleichen Nadel die Maschen der 1. Nadel noch einmal stricken.

Das Söckchen auf links drehen und die Maschen der beiden parallel liegenden Nadeln zusammenstricken und gleichzeitig abketten. Alle Fäden vernähen.

Die **zweite Socke** genauso arbeiten.

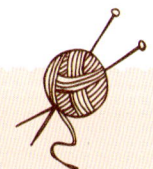

TIPP

Sockenwolle gibt es in vielen verschiedenen Farbverläufen. Kombiniert man ein unifarbenes Garn mit einem Verlaufsgarn und strickt einfache geometrische Formen, wie z.B. Herzen, Rauten oder Sterne in Jacquardtechnik, mit ein, entstehen kleine individuelle Kunstwerke. Der Farbunterschied sollte dabei möglichst groß sein.

Traumtänzer

Schicke Lederpuschen

Nicht nur für sich lautlos anschleichende Indianer sind diese Mokassins ideal.

Die ganz Kleinen behalten beim Krabbeln warme Füße, den Laufanfängern werden

die Füße nicht eingeengt und für die »Großen« sind es die idealen Hausschuhe.

Sie brauchen

Stoff
• Puschenleder, DIN-A3-großes Stück

Weiteres Material & Zubehör
• Schmales Gummiband, ca. 40 cm
• Ledernadel für die Nähmaschine
• Passendes Nähgarn
• Stoffklammern (Wonder Clips) zum Fixieren
• Sicherheits- oder Durchziehnadel

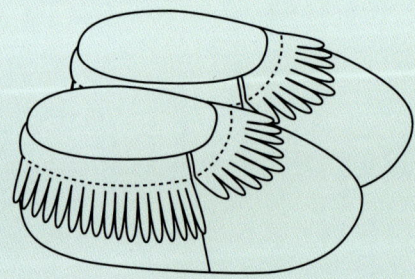

 # Zuschneiden

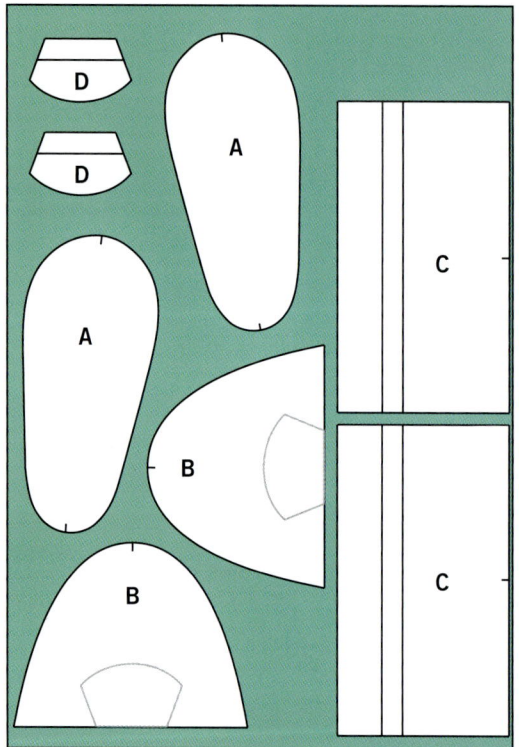

Schnittmusterbogen 5 rot
Größe 18 (19:20:21:22:23:24:25)
Die passende Schuhgröße wählen Sie nach der Fuß-länge des Kindes, siehe Tabelle. Die Puschen sind so konstruiert, dass die Zehen vorn im Schuh noch Platz haben und auch Kinder mit einem höheren Spann hineinpassen.

Schuhgröße	Fußlänge
18	10,5 cm
19	11,2 cm
20	11,8 cm
21	12,5 cm
22	13,1 cm
23	13,9 cm
24	14,5 cm
25	15,2 cm

Schnittteile
A Sohle: 2× gespiegelt
B Spann: 2× gespiegelt
C Ferse: 2× (evtl. ohne Fransen)
D Spannbesatz: 2× gespiegelt (evtl. ohne Fransen)

Die Schnittteile gemäß dem Lageplan zuschneiden. 5 mm Nahtzugabe sind schon enthalten. Die Mar-kierungen mit einem Kugelschreiber in der Nahtzu-gabe auf dem Leder markieren. Beim Zuschneiden auf Fehler oder Beschriftungen im Leder achten und meiden.

TIPP

Weiches Leder lässt sich meist recht pro-blemlos nähen, wenn man eine spezielle Ledernadel verwendet. Die Stichlänge sollte mindestens 3 betragen, da ein kleinerer Stich einreißen kann. Würde man Leder mit Stecknadeln fixieren, sähe man später die Einstichlöcher, deshalb sind Stoffklammern hier besser geeignet.

So geht's

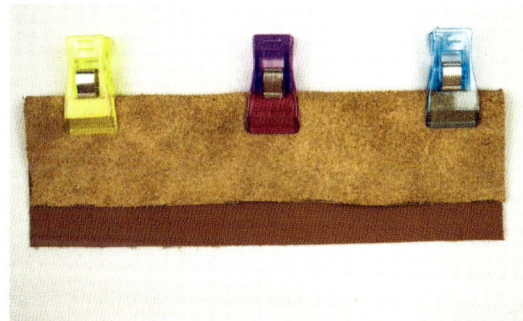

01 FERSENTEIL NÄHEN

Das Fersenteil mit der glatten Seite nach oben legen, dann entlang der mittleren Markierungslinie im Schnitteil das Leder rechts auf rechts umklappen und mit Klammern fixieren. 1 cm neben der umgeknickten Kante absteppen. Nun kann man schon die Fransen schneiden.

02 SPANNBESATZ AUFNÄHEN

Den Spannbesatz mit der rauen Seite nach oben entsprechend der Markierung auf den Spann legen. Die oberen Kanten liegen bündig. Einmal knapp an der Kante und dann noch einmal mit 1 cm Entfernung zur Kante absteppen. Die Seiten bleiben offen. Fransen einschneiden. Zur Info: Der Schuh wird »auf links« aufgebaut.

03 FERSE UND SOHLE VERBINDEN

Die Sohle mit der aufgerauten Seite nach oben legen, dann die Ferse mit der glatten Seite nach unten auf die Sohle legen, die Markierung der Fersenmitte liegt auf der Markierung der Sohle am schmalen Ende. Von den Markierungen aus die Ferse zuerst in die eine Richtung mit 5 mm Nahtzugabe festnähen, dann – wieder von der Mitte – in die andere.

04 SPANN UND SOHLE VERBINDEN

Den Spann mit der glatten Seite auf die aufgeraute Seite der Sohle legen, die Markierung für die vordere Mitte des Spanns liegt auf der Markierung der Sohle am breiten Ende. Von den Markierungen aus den Spann zuerst in die eine Richtung mit 5 mm festnähen, dann – wieder von der Markierung aus – in die andere. Der Spann überlappt das Fersenstück ein wenig.

05 SCHUH WENDEN UND GUMMI EINZIEHEN

Den Schuh auf rechts stülpen und die Nähte mit einem Löffel behutsam herausdrücken. Bei sehr festem Leder kann es nötig sein, die Nahtzugabe noch etwas zurückzuschneiden. Mit einer Sicherheitsnadel oder einer Durchziehnadel ein Stück Gummiband durch die Tunnel von Ferse und Spann ziehen, die Enden nicht zu knapp abschneiden, stramm ziehen und verknoten. Das Gummi im Tunnel verschwinden lassen. Den zweiten Puschen genauso arbeiten.

Hals über Kopf ins Abenteuer

Oberteile

Das richtige Outfit ist für kleine Abenteurer ganz wichtig. Warm eingepackt in die Strickjacke kann jedem Sturm getrotzt werden, der schlichte Strickkragen schützt vor kaltem Wind. Beim Weltentdecken sind die bequemen Shirts und Pullover perfekte Begleiter.

Zwerg Nase

Strickjacke mit Kapuze

Dieses Jackenmodell ist dem üblichen Körperbau von Kleinkindern angepasst: Meist haben sie einen schmalen Rücken und (noch) ein relativ dickes Bäuchlein. Vorn sind Taschen eingearbeitet – für den Schnuller, ein Taschentuch oder gefundene Schätze.

Sie brauchen

Wolle

- Dicke, weiche Merinowolle, z.B. Big Merino Hug von Rosy Green Wool (Lauflänge 160 m/100 g; 100 % Schurwolle): 200 g in Hellgrau (Isar Kiesel), 100 g in Blaugrau (Eismeer), 100 g in Gelb (Sonnenblume), 100 g in Türkis (Laguna)

Weiteres Material & Zubehör

- Rundstricknadel Nr. 3,5 und Nr. 5
- Häkelnadel Nr. 4,5
- Maschenraffer
- Stumpfe Sticknadel
- 6 farblich passende Knöpfe, 20 mm Ø

Grundmuster
Zweifarbiges Webmuster:
Musterbeginn in der Rückreihe: 1 Randmasche, [1 Masche rechts stricken, 1 Masche links abheben] stets wiederholen, enden mit 1 Randmasche.
Hinreihe: 1 Randmasche, [1 Masche links stricken, 1 Masche rechts abheben] stets wiederholen, enden mit 1 Randmasche.
Farbe wechseln nach Anleitung und 2 weitere Reihen wie oben stricken.
Farbwechsel alle 2 Reihen.
Kraus rechts: In Hin- und Rückreihen alle Maschen rechts stricken.

Maschenprobe
20 Maschen und 40 Reihen im zweifarbigen Webmuster mit Nadeln Nr. 5 = 10 × 10 cm

Schnitt

Alle Angaben in cm

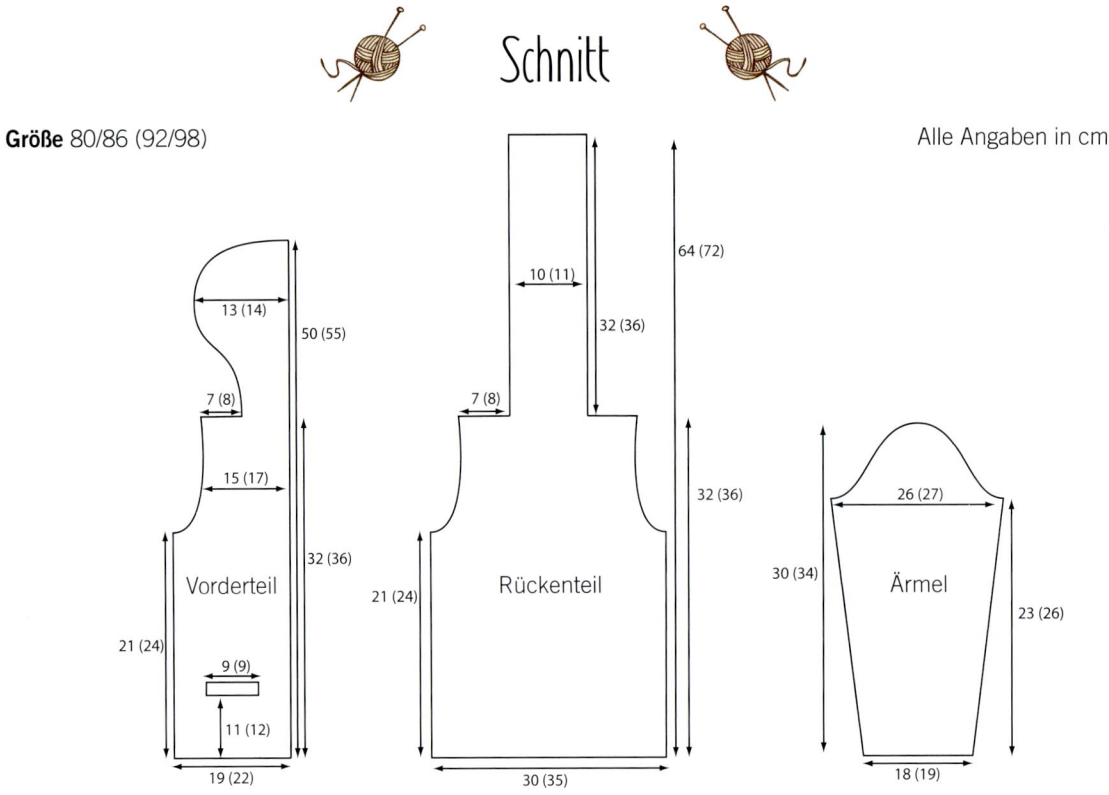

Vorderteil
Rückenteil
Ärmel

13 (14) · 50 (55) · 7 (8) · 15 (17) · 32 (36) · 21 (24) · 9 (9) · 11 (12) · 19 (22)

10 (11) · 64 (72) · 32 (36) · 7 (8) · 32 (36) · 21 (24) · 30 (35)

26 (27) · 30 (34) · 23 (26) · 18 (19)

So geht's

Für den **Rücken** 64 (74) Maschen mit der Rundstricknadel Nr. 3,5 in Hellgrau anschlagen
(= 1. Reihe). 7 Reihen kraus rechts stricken. Zu
Rundstricknadel Nr. 5 wechseln. 1 Reihe rechte
Maschen stricken.

Zu Türkis wechseln. In der nun folgenden 10. Reihe
(Rückreihe) mit dem zweifarbigen Webmuster beginnen. Die 11. und 12. Reihe mit Hellgrau stricken.
Weiter mit diesen beiden Farben stricken. Bei
14 (16) cm Höhe Hellgrau beibehalten und Türkis
gegen Blaugrau tauschen.

Bei 21 (24) cm Höhe für die **Armausschnitte**
beidseitig zu Beginn der folgenden Reihen 3 (3) Maschen, 2 (1) Masche(n), 2 (1) Masche(n) abketten =
50 (64) Maschen. Dabei Maschen, die abgekettet
werden, in der Rückreihe rechts und in der Hinreihe
links stricken. Bei 24 (27) cm Höhe Blaugrau gegen
Gelb tauschen.

Bei 32 (36) cm Höhe für die **Schulter** beidseitig
15 (18) Maschen abketten = 20 (28) Maschen.

Die mittleren Maschen als hinteres **Kapuzenteil**
ohne Zu- und Abnahmen im Grundmuster weiterstricken. Bei 64 (72) cm Höhe abketten.

Für ein **Vorderteil** 42 (48) Maschen mit Rundstricknadel Nr. 3,5 in Hellgrau anschlagen (= 1. Reihe).
7 Reihen kraus rechts stricken. Zu Rundstricknadel
Nr. 5 wechseln. 1 Reihe rechte Maschen stricken.
Zu Türkis wechseln. Das zweifarbige Webmuster
stricken wie beim Rückenteil.

Bei 11 (12) cm Höhe für die **Tasche** in der Hinreihe
wie folgt Maschen stilllegen und sofort wieder aufnehmen: Eine separate Luftmaschenkette mit
22 Maschen häkeln. Am Vorderteil 12 (15) Maschen
mustergemäß stricken. 18 Maschen stilllegen und
auf der Rückseite der Luftmaschenkette jeweils im
mittleren Maschenbogen 18 Maschen aufnehmen,
12 (15) Maschen mustergemäß stricken. Bei
14 (16) cm Höhe Hellgrau beibehalten und Türkis
gegen Blaugrau tauschen.

Bei 21 (24) cm Höhe für die Armausschnitte
3 (3) Maschen, 2 (1) Masche(n), 2 (1) Masche(n)
abketten = 35 (43) Maschen. Bei 24 (27) cm Höhe
Blaugrau gegen Gelb tauschen. Bei 32 (36) cm
Höhe für die Schulter auf der gleichen Seite wie
der Armausschnitt 15 (18) Maschen abketten =
20 (25) Maschen.

Über die verbliebenen Maschen das **Kapuzen-
seitenteil** weiterstricken: In jeder 4. Reihe die
1. Masche verdoppeln, bis 28 (30) Maschen auf
der Nadel liegen. Die Zunahmen auf der Seite des
Armausschnitts arbeiten. 7 (8) cm ohne Zu- und
Abnahmen im Grundmuster weiterstricken.

Bei 47 (50) cm Höhe mit den Abnahmen für die
Rundung – ebenfalls an der Seite des Armausschnitts – der **Kapuze** beginnen: Am Ende der
nächsten Reihe die drittletzte und vorletzte Masche
zusammenstricken. Noch sechsmal in der Hinreihe
wiederholen. Dann alle Maschen abketten.

Für die Eingriffskante der **Tasche** die stillgelegten
Maschen auf eine Rundstricknadel Nr. 3,5 legen

und 4 Reihen kraus rechts stricken. Abketten. Für
den **Taschenbeutel** die Luftmaschenkette lösen
und die Maschen mit der Rundstricknadel 3,5 mm
auffangen. 26 Reihen glatt rechts stricken, abketten. Den Taschenbeutel von links an das Vorderteil
annähen. Die schmale Eingriffskante rechts und
links am Vorderteil befestigen.

Das **zweite Vorderteil** gegengleich arbeiten.

Für die **Ärmel** 32 (34) Maschen mit der Rundstricknadel Nr. 3,5 in Hellgrau anschlagen (= 1. Reihe).
7 Reihen kraus rechts stricken. Zu Rundstricknadel
Nr. 5 wechseln. 1 Reihe rechte Maschen stricken.
Zu Türkis wechseln. Das zweifarbige Webmuster
stricken wie beim Rückenteil.
Nach 10 Reihen beidseitig je 1 Masche zunehmen = 34 (36) Maschen. Jede 9. Reihe wiederholen, bis 54 (56) Maschen erreicht sind. Bei
14 (16) cm Höhe Türkis gegen Blaugrau tauschen.

Bei 23 (26) cm Höhe für die Armkugel beidseitig
3–2–2 Maschen, dann fortlaufend je 1 Masche
beidseitig abketten. Bei 24 (27) cm Höhe Blaugrau
gegen Gelb tauschen. Bei 30 (34) cm alle verblie-
nen Maschen abketten.

Zum **Fertigstellen** die Schulternähte und Kapuzenteile mit festen Maschen und Häkelnadel Nr. 4,5
zusammenhäkeln.
Entlang der vorderen Kante mit Rundstricknadel
Nr. 3,5 aus jeder Randmasche 1 Masche herausstricken (= 1. Reihe). 4 Reihen kraus rechts stricken.
In der 5. Reihe 6 Knopflöcher arbeiten: 1 Randmasche, 2 Maschen rechts, [2 Maschen abketten und
sofort wieder 2 Maschen anschlagen, 10 (11) Maschen rechts] 6× wiederholen. Noch 3 Reihen kraus
rechts stricken (= 8 Reihen). In der nächsten Reihe
alle Maschen abketten.
Die Ärmelnaht mit festen Maschen und Häkelnadel
Nr. 4,5 zusammenhäkeln. Den Ärmel einnähen.
Alle Fäden vernähen und die Knöpfe annähen.

Tausendsassa

Shirt mit bequemem Ausschnitt

So ein bequemes Shirt kann man in vielen verschiedenen Stoffen nähen. Durch den groß-

zügigen amerikanischen Halsausschnitt wird das Umziehen zum Kinderspiel und mit den

beiden Ärmelvarianten hat man im Sommer wie im Winter immer Freude daran.

Sie brauchen

Stoff

Als Stoff eignen sich alle dehnbaren Jerseystoffe,
für die Jerseystreifen Jersey- oder Bündchenstoff.

- 40 (45:45:45:50:50:50:50) cm Oberstoff,
  140 cm breit
- Jerseystreifen, 4 cm breit,
  48 (50:52:54:56:58:60) cm lang
- Evtl. 20 cm Bündchenstoff

Weiteres Material & Zubehör

- Passendes Nähgarn

 # Zuschneiden

Schnittmusterbogen 4 rot
Größe 56 (62:68:74:80:86:92:98)
Schnittteile
A Vorderteil: 1× im Stoffbruch
B Rückenteil: 1× im Stoffbruch
C Ärmel: 2×
Bündchen: 2× aus Jersey oder Bündchenstoff

Entscheiden Sie vorab, ob Sie das Modell mit langen oder kurzen Ärmeln anfertigen wollen, und beschriften Sie die Schnittteile entsprechend.
Die Schnittteile gemäß dem Lageplan am Saum und dem Ärmelsaum mit 2 cm Nahtzugabe, an den rot markierten Kanten ohne Nahtzugabe zuschneiden, an allen anderen Kanten 1 cm zugeben. Die Markierungen im Schnittteil als Knipse in die Nahtzugaben im Stoff übertragen

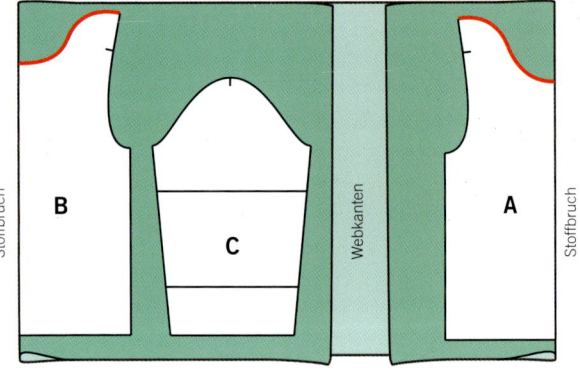

So geht's

01 HALSAUSSCHNITT EINFASSEN
Den Hals-Schulter-Ausschnitt vorn und hinten mit Jerseystreifen einfassen (siehe S. 15, Schritt 1–2). Achtung: Die Längenangabe für den Jerseystreifen ist großzügig bemessen; bitte gedehnt annähen und einfach abschneiden, was übersteht.

02 SCHULTERN ZUSAMMENNÄHEN
Das Rückenteil links auf rechts an den Armausschnitten auf das Vorderteil legen, sodass die beiden Knipse von Vorder- und Rückenteil im Armausschnitt aufeinanderliegen. Die beiden Teile knappkantig entlang der Armkurve zusammennähen.

Bündchen an die Ärmel nähen. Dazu das Bündchenschnittteil rechts auf rechts an den langen Seiten zu einem Schlauch zusammennähen, zur Hälfte
umschlagen, sodass die Nahtzugaben innen liegen,
und die offenen Kanten leicht gedehnt rechts auf
rechts an den Ärmelsaum nähen. Die Nahtzugaben
zum Ärmel hin bügeln.

03 ÄRMEL EINSETZEN

Die Ärmel mit 1 cm Nahtzugabe einnähen.
Darauf achten, dass der obere Ärmelknips auf den
Knips an der Schulter trifft und der untere Knips auf
den Knips im Vorderteil.

04 SEITENNÄHTE SCHLIESSEN

Vorder- und Rückenteil sowie Ärmel rechts
auf rechts aufeinanderlegen und Seiten- und Ärmelnähte jeweils in einem Zug zusammennähen. Die
Nahtzugaben zum Rückenteil hin bügeln.

05 VERSÄUMEN

Saum und die Ärmelsäume versäubern,
2 cm nach links umbügeln und mit einem elastischen Stich absteppen. Alternativ kann man ein

Nils Holgersson

Pullover mit Intarsienmuster und Rundpasse

Dieser Pullover passt super zur Mütze von Seite 104. Er wird in einem Stück von oben nach unten auf Rundstricknadeln gearbeitet. So entstehen keine störenden Nähte und das Zusammennähen entfällt. Die Wolle ist auch im Halsbereich wunderbar kuschelig.

Sie brauchen

Wolle

- Dünne, weiche Merinowolle, z.B. Cheeky Merino Joy von Rosy Green Wool (Lauflänge 320 m/100 g; 100 % Wolle): 100 g in Hellgrau (Isar Kiesel), 100 g in Petrol (Gartenteich) sowie Reste in Gelb (Sonnenblume), Türkis (Laguna) und Mauve (Wilde Malve)

Weiteres Material & Zubehör

- Rundstricknadel Nr. 2,5 und Nr. 3
- Nadelspiel Nr. 2,5 und Nr. 3
- Stumpfe Sticknadel
- 3 Knöpfe, 1,5 cm Ø

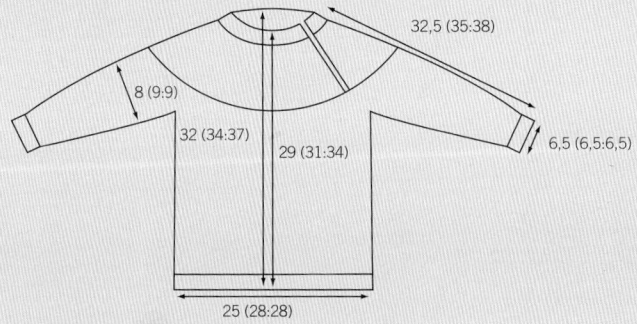

Größe 68/74 (80/86:92/98)   Alle Angaben in cm

Die Rundpasse wird bei beiden Modellen gleich gestrickt. Die Pullover unterscheiden sich lediglich in der Länge.

 # Strickschrift

Muster 1, Rundpasse oben

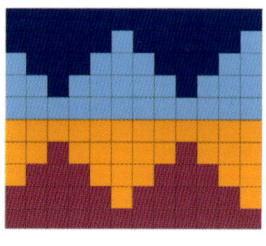

Muster 2, Rundpasse Mitte

Muster 3, vor Bund, Ärmel, Rumpf

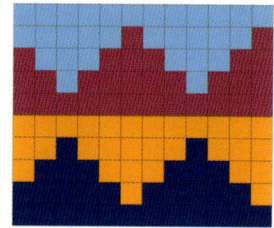

- ■ Petrol
- ■ Türkis
- ■ Malve
- ■ Gelb

Grundmuster

Glatt rechts: In den Hinreihen rechte Maschen stricken, in den Rückreihen linke Maschen. In Runden alle Maschen rechts stricken.

Rippenmuster: 1 Masche rechts, 1 Masche links im Wechsel stricken.

Kraus rechts: Alle Maschen in Hin- und Rückreihen rechts stricken. In Runden eine Runde rechte Maschen, eine Runde linke Maschen im Wechsel arbeiten.

Maschenprobe

29 Maschen und 41 Reihen glatt rechts mit Nadel Nr. 3 = 10 × 10 cm

TIPP

Dieses Modell wurde in Größe 80/86 angefertigt. Falls eine der anderen Größen gewünscht ist, kann man durch die Auswahl von dünnerer oder dickerer Wolle und durch dünnere bzw. dickere Nadeln ein bis zwei Größen kleiner oder größer stricken. Für Größe 68/74 beispielsweise eignet sich Wool Finest von Schoppel (Lauflänge 400 m/100 g; 100 % Wolle) und Nadeln Nr. 2 und Nr. 2,5, für Größe 92/98 Merino 120 von Lang Yarns (Lauflänge 120 m/50 g; 100 % Wolle) und Nadeln Nr. 3 und Nr. 3,5.

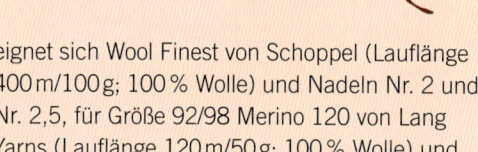

So geht's

80 Maschen mit Petrol und Rundstricknadel Nr. 2,5 anschlagen. Die Anschlagreihe zählt als 1. Reihe.

2. Reihe: 5 Maschen rechts, 70 Maschen links, 5 Maschen rechts.

3. Reihe: Rechte Maschen.
Die 2. und 3. Reihe noch 4× wiederholen. Dieser glatt rechts gestrickte Teil wird zum Rollrand.

12.–14. Reihe: 5 Maschen rechts, 70 Maschen im Rippenmuster, 5 Maschen rechts.

In der **15. Reihe** am Ende der Reihe ein Knopfloch arbeiten: 76 Maschen stricken, wie sie erscheinen, 2 Maschen abketten, ohne sie zu stricken, und sofort wieder aufnehmen, 2 Maschen rechts.

16.–18. Reihe: Im Rippenmuster mit kraus rechts gestrickter Knopfleiste am Anfang und Ende stricken. Nach insgesamt 18 Reihen zu Nadel Nr. 3 wechseln und kraus rechts stricken. Die Knopfleiste weiter mit 5 Maschen kraus rechts an beiden Rändern arbeiten, also bei Zunahmen nicht berücksichtigen.

19. Reihe: 5 Maschen rechts, [1 Masche rechts verschränkt aus dem Querfaden herausstricken, 2 Maschen rechts] stets wiederholen bis 5 Maschen vor Reihenende: 1 Masche rechts verschränkt aus dem Querfaden herausstricken, 5 Maschen rechts = 116 Maschen.

20.–24. Reihe: Kraus rechts stricken.

25. Reihe: Zu Türkis wechseln; weiter kraus rechts stricken.

In der **26. Reihe** eine verkürzte Reihe einarbeiten: 91 Maschen stricken, wenden (dabei den Faden um die 92. Masche legen, damit kein Loch entsteht), 30 Maschen stricken, wenden (dabei den Faden um die 31. Masche legen, damit kein Loch entsteht), Reihe beenden.

27. Reihe: Zu Petrol wechseln.

29. Reihe: In die Knopfleiste wieder ein Knopfloch einarbeiten wie oben beschrieben.

33. Reihe: Zu Mauve wechseln.

34. Reihe: Verkürzte Reihe wie Reihe 26 stricken.

35. Reihe: Zu Petrol wechseln.

37. Reihe: 5 Maschen rechts, [1 Masche rechts verschränkt aus dem Querfaden herausstricken, 3 Maschen rechts] stets wiederholen bis 6 Maschen vor Reihenende: 1 Masche rechts verschränkt aus dem Querfaden herausstricken, 6 Maschen rechts = 152 Maschen. Kraus rechts weiterstricken.

41. Reihe: Zu Gelb wechseln.

42. Reihe: Eine verkürzte Reihe einarbeiten: 121 Maschen rechts stricken, wenden (dabei den Faden um die 122. Masche legen, damit kein Loch entsteht), 42 Maschen rechts stricken, wenden (dabei den Faden um die 43. Masche legen, damit kein Loch entsteht), Reihe rechts beenden.

43. Reihe: Zu Petrol wechseln.

45. Reihe: In die Knopfleiste wieder ein Knopfloch einarbeiten wie oben beschrieben.

49. Reihe: Zu Hellgrau wechseln.

50. Reihe: Eine verkürzte Reihe einarbeiten wie in der 42. Reihe beschrieben.

51. Reihe: Zu Petrol wechseln.

53. Reihe: 5 Maschen rechts, [1 Masche rechts verschränkt aus dem Querfaden herausstricken, 4 Maschen rechts] stets wiederholen bis 7 Maschen vor Reihenende: 1 Masche rechts verschränkt aus dem Querfaden herausstricken, 7 Maschen rechts = 188 Maschen.
Kraus rechts weiterstricken.

57. Reihe: Zu Mauve wechseln. Die Maschen der Knopfleisten auf zwei kurze Hilfsnadeln legen. Von diesen im Wechsel 1 Masche der Knopfleiste und 1 Masche der Knopflochleiste auf die Arbeitsnadel legen. Diese Maschen paarweise zusammenstricken. Aus den 10 Maschen der beiden Leisten werden so 5 Maschen. Einen Maschenmarkierer einhängen. Hier beginnen die folgenden Runden und die kraus rechts gestrickte Passe endet.

Ab jetzt in Runden glatt rechts und nach Farbmuster 1 stricken. In dieser 1. Runde alle 18 Maschen 1 Masche rechts verschränkt aus dem Querfaden herausstricken. So werden 9 Maschen zugenommen = 192 Maschen. Muster 1 abstricken.

Zu Hellgrau wechseln und 1 Runde rechts stricken. In der nächsten Runde 5 Maschen rechts, [1 Masche rechts verschränkt aus dem Querfaden herausstricken, 5 Maschen rechts] stets wiederholen bis Rundenende, 2 Maschen rechts = 230 Maschen. 1 Runde rechts. Zu Gelb wechseln.

Muster 2 abstricken. Dafür in der 1. Runde des Musters 4 Maschen verteilt zunehmen (alle 57 Maschen) = 234 Maschen. Zu Hellgrau wechseln und 1 Runde glatt rechts stricken.

In der nächsten Runde [6 Maschen rechts, 1 Masche rechts verschränkt aus dem Querfaden herausstricken] stets wiederholen = 273 Maschen. 8 Runden glatt rechts stricken.

In der nächsten Runde werden Ärmel und **Rumpfteil** getrennt weitergestrickt. 56 Maschen für einen Ärmel auf einer Hilfsnadel stilllegen, 81 Maschen (für das Rückenteil) rechts stricken, 56 Maschen für den zweiten Ärmel auf einer Hilfsnadel stilllegen, 80 Maschen (für das Vorderteil) rechts stricken. Die 81 Maschen des Rückenteils und die 80 Maschen des Vorderteils werden zusammen in Runden weitergestrickt. 50 (38) Runden glatt rechts stricken.

Zu Petrol wechseln. Muster 3 abstricken, dabei in der 1. Musterreihe 1 Masche zunehmen = 162 Maschen.
Zu Hellgrau wechseln und 5 Runden glatt rechts stricken.
Zu Petrol und Rundstricknadel Nr. 2,5 wechseln. 1 Runde rechts stricken.
8 Runden im Rippenmuster links.

10 Runden glatt rechts stricken, dann alle Maschen locker abketten.

Mit dem Nadelspiel Nr. 3 die **Ärmel** in Hellgrau glatt rechts stricken. Nach 40 (30) Runden die letzten beiden Maschen zusammenstricken = 55 Maschen. 5 Runden stricken. Nach 45 (35) Runden die ersten beiden Maschen zusammenstricken = 54 Maschen. Nach 48 (36) Runden nach Muster 3 abstricken. Zu Hellgrau wechseln und 3 Runden glatt rechts stricken.
Zu Petrol und Nadelspiel Nr. 2,5 wechseln. In der nächsten Runde [4 Maschen rechts, 2 Maschen rechts zusammenstricken] stets wiederholen bis 2 Maschen vor Rundenende: 2 Maschen rechts = 46 Maschen.
8 Runden im Rippenmuster stricken.
10 Runden rechts stricken, dann alle Maschen locker abketten. Alle Fäden vernähen und die Knöpfe annähen.

Prinz Kobold

Kragen aus Häkel-Strick-Mix

Der Kragen wird im unteren Bereich gehäkelt und dann gestrickt. Der untere Teil liegt flach

auf Brust und Rücken auf und im oberen Teil wird er am Hals voluminöser. So ein Kragen

ist praktischer als jeder Schal, denn der geht nicht so leicht verloren

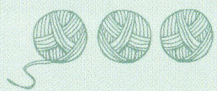

Sie brauchen

Wolle

- Weiches Garn mit Kaschmiranteil, z. B. Hat Box von Mrs Crosby loves to play (Lauflänge 290 m/100 g; 75 % Schurwolle, 15 % Seide, 10 % Kaschmir): 100 g in Petrol/Farbverlauf (Peacock)

Weiteres Material & Zubehör

- Häkelnadel Nr. 3
- Rundstricknadel Nr. 3
- 5 Maschenmarkierer
- Stumpfe Sticknadel
- 5 Knöpfe, 12 mm Ø

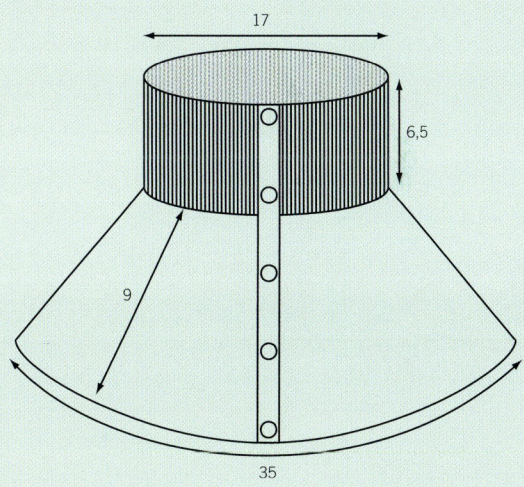

Größe Einheitsgröße   Alle Angaben in cm

Häkelgrundmuster

Reihe nach dem Luftmaschenanschlag: [1 feste Masche, 1 Masche übergehen, 1 Luftmasche] stets wiederholen bis Reihenende.

Nächste Reihe: [1 feste Masche in den Luftmaschenbogen der Vorreihe, nächste feste Masche übergehen, 1 Luftmasche] stets wiederholen bis Reihenende.

Rippenmuster: 1 Masche rechts, 1 Masche links im Wechsel stricken.

Maschenprobe

24 Maschen und 24 Reihen im gehäkelten Flächenmuster mit Häkelnadel Nr. 3 = 10 × 10 cm

So geht's

161 Luftmaschen mit Häkelnadel Nr. 3 anschlagen. Wenden.

1. Reihe: 2 Luftmaschen als Steigeluftmaschen übergehen. [1 feste Masche häkeln, 1 Luftmasche, 1 Masche der Luftmaschenkette übergehen, in die nächste Luftmasche 1 feste Masche häkeln, 1 Luftmasche, 1 Masche der Luftmaschenkette übergehen] stets wiederholen. In die letzte Luftmasche 1 feste Masche häkeln.

2.–8. Reihe: [2 Steigeluftmaschen, 1 feste Masche in den Luftmaschenbogen der Vorreihe, 1 Luftmasche] stets wiederholen bis Reihenende. Nach 33 Maschen, dann 3× nach 32 Maschen Maschenmarkierer einhängen.

9. Reihe: Bei den Markierungen je 2 Maschen wie folgt zusammenhäkeln: In einen Luftmaschenbogen einstechen und die Masche halb abmaschen, in den nächsten Luftmaschenbogen einstechen, Faden holen und alle Schlaufen zusammen abmaschen – musterbedingt ergibt sich so jeweils eine Abnahme von 2 Maschen, bei 4 Markierungen eine Abnahme von 8 Maschen in dieser Reihe = 153 Maschen.

10. und alle folgenden geraden Reihen (Rückreihen) nach Grundmuster häkeln.

In der **11. Reihe** bei den Markierungen sowie am Anfang und am Ende 2 Maschen zusammenhäkeln = 143 Maschen.

In der **13. Reihe** nur bei den Markierungen zusammenhäkeln = 135 Maschen.

In der **15. Reihe** nur bei den Markierungen zusammenhäkeln = 127 Maschen.

In der **17. Reihe** bei den Markierungen sowie am Anfang und am Ende 2 Maschen zusammenhäkeln = 117 Maschen.

In der **19. Reihe** nur bei den Markierungen zusammenhäkeln = 109 Maschen.

In der **21. Reihe** nur bei den Markierungen zusammenhäkeln = 101 Maschen.

In der **23. Reihe** nur bei den Markierungen zusammenhäkeln = 93 Maschen.

Mit der Rundstricknadel Nr. 3 an der Häkelkante aus den 93 Maschen je 1 Masche herausstricken. Insgesamt 24 Reihen im Grundmuster stricken, danach alle Maschen locker abketten, wie sie erscheinen.

Für die **Knopflochleiste** mit der Häkelnadel Nr. 3 entlang einer vorderen Kante 32 feste Maschen häkeln. Hinweis: Im Folgenden für die Knopflöcher 1 Masche übergehen und mit 2 Luftmaschen überhäkeln.

2. Reihe: 2 Steigeluftmaschen, 1 feste Masche, [2 Luftmaschen, 1 Masche übergehen, 5 feste Maschen] 4× häkeln, 2 Luftmaschen, 1 Masche übergehen, 1 feste Masche. Wenden.

3. Reihe: 2 Steigeluftmaschen, feste Maschen häkeln. In die 2er-Luftmaschenbögen jeweils nur 1 feste Masche häkeln.

4. und 5. Reihe: Feste Masche häkeln.

Für die gegenüberliegende Leiste über 32 Maschen 5 Reihen feste Maschen ohne Knopflöcher häkeln. Die Knöpfe annähen. Alle Fäden vernähen.

Prinz Kobold

Kragen aus Häkel-Strick-Mix

Der Kragen wird im unteren Bereich gehäkelt und dann gestrickt. Der untere Teil liegt flach

auf Brust und Rücken auf und im oberen Teil wird er am Hals voluminöser. So ein Kragen

ist praktischer als jeder Schal, denn der geht nicht so leicht verloren

Sie brauchen

Wolle

- Weiches Garn mit Kaschmiranteil, z. B. Hat Box von Mrs Crosby loves to play (Lauflänge 290 m/100 g; 75 % Schurwolle, 15 % Seide, 10 % Kaschmir): 100 g in Petrol/Farbverlauf (Peacock)

Weiteres Material & Zubehör

- Häkelnadel Nr. 3
- Rundstricknadel Nr. 3
- 5 Maschenmarkierer
- Stumpfe Sticknadel
- 5 Knöpfe, 12 mm Ø

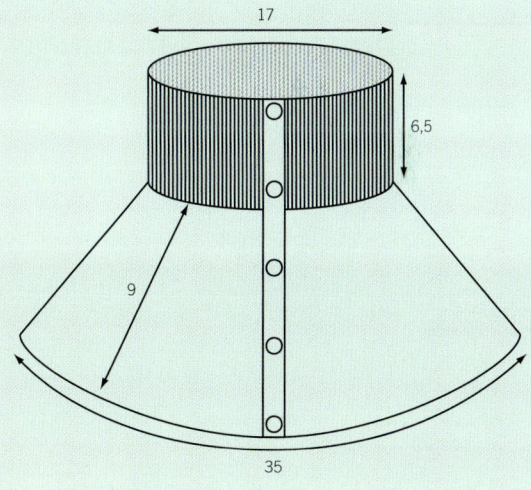

17

6,5

9

35

Größe Einheitsgröße   Alle Angaben in cm

Häkelgrundmuster

Reihe nach dem Luftmaschenanschlag: [1 feste Masche, 1 Masche übergehen, 1 Luftmasche] stets wiederholen bis Reihenende.

Nächste Reihe: [1 feste Masche in den Luftmaschenbogen der Vorreihe, nächste feste Masche übergehen, 1 Luftmasche] stets wiederholen bis Reihenende.

Rippenmuster: 1 Masche rechts, 1 Masche links im Wechsel stricken.

Maschenprobe

24 Maschen und 24 Reihen im gehäkelten Flächenmuster mit Häkelnadel Nr. 3 = 10 × 10 cm

So geht's

161 Luftmaschen mit Häkelnadel Nr. 3 anschlagen. Wenden.

1. Reihe: 2 Luftmaschen als Steigeluftmaschen übergehen. [1 feste Masche häkeln, 1 Luftmasche, 1 Masche der Luftmaschenkette übergehen, in die nächste Luftmasche 1 feste Masche häkeln, 1 Luftmasche, 1 Masche der Luftmaschenkette übergehen] stets wiederholen. In die letzte Luftmasche 1 feste Masche häkeln.

2.–8. Reihe: [2 Steigeluftmaschen, 1 feste Masche in den Luftmaschenbogen der Vorreihe, 1 Luftmasche] stets wiederholen bis Reihenende. Nach 33 Maschen, dann 3× nach 32 Maschen Maschenmarkierer einhängen.

9. Reihe: Bei den Markierungen je 2 Maschen wie folgt zusammenhäkeln: In einen Luftmaschenbogen einstechen und die Masche halb abmaschen, in den nächsten Luftmaschenbogen einstechen, Faden holen und alle Schlaufen zusammen abmaschen – musterbedingt ergibt sich so jeweils eine Abnahme von 2 Maschen, bei 4 Markierungen eine Abnahme von 8 Maschen in dieser Reihe = 153 Maschen.

10. und alle folgenden geraden Reihen (Rückreihen) nach Grundmuster häkeln.

In der **11. Reihe** bei den Markierungen sowie am Anfang und am Ende 2 Maschen zusammenhäkeln = 143 Maschen.

In der **13. Reihe** nur bei den Markierungen zusammenhäkeln = 135 Maschen.

In der **15. Reihe** nur bei den Markierungen zusammenhäkeln = 127 Maschen.

In der **17. Reihe** bei den Markierungen sowie am Anfang und am Ende 2 Maschen zusammenhäkeln = 117 Maschen.

In der **19. Reihe** nur bei den Markierungen zusammenhäkeln = 109 Maschen.

In der **21. Reihe** nur bei den Markierungen zusammenhäkeln = 101 Maschen.

In der **23. Reihe** nur bei den Markierungen zusammenhäkeln = 93 Maschen.

Mit der Rundstricknadel Nr. 3 an der Häkelkante aus den 93 Maschen je 1 Masche herausstricken. Insgesamt 24 Reihen im Grundmuster stricken, danach alle Maschen locker abketten, wie sie erscheinen.

Für die **Knopflochleiste** mit der Häkelnadel Nr. 3 entlang einer vorderen Kante 32 feste Maschen häkeln. Hinweis: Im Folgenden für die Knopflöcher 1 Masche übergehen und mit 2 Luftmaschen überhäkeln.

2. Reihe: 2 Steigeluftmaschen, 1 feste Masche, [2 Luftmaschen, 1 Masche übergehen, 5 feste Maschen] 4× häkeln, 2 Luftmaschen, 1 Masche übergehen,1 feste Masche. Wenden.

3. Reihe: 2 Steigeluftmaschen, feste Maschen häkeln. In die 2er-Luftmaschenbögen jeweils nur 1 feste Masche häkeln.

4. und 5. Reihe: Feste Masche häkeln.

Für die gegenüberliegende Leiste über 32 Maschen 5 Reihen feste Maschen ohne Knopflöcher häkeln. Die Knöpfe annähen. Alle Fäden vernähen.

Häkelminis

Kleine gehäkelte Elemente geben einem einfarbigen Kleidungsstück eine zusätzliche besondere Note. Ein paar Blümchen oder ein kleiner Fliegenpilz machen das gestrickte oder genähte Projekt zu einem persönlichen und unverwechselbaren Unikat.

Blatt

Mit Häkelnadel Nr. 2,5 14 Luftmaschen häkeln. Wenden. 1 Wendeluftmasche, 10 feste Maschen und 4 Kettmaschen in die Luftmaschenkette, in die letzte Masche 1 Kettmasche. Auf der anderen Seite der Luftmaschenkette weiterhäkeln. 4 Kettmaschen und 10 feste Maschen, mit 1 Kettmasche zur Runde schließen. 1 Steigeluftmasche, 2 feste Maschen, 6 Stäbchen, 2 feste Maschen. 2 feste Maschen in das Ende der Blattader. Auf der anderen Seite 2 feste Maschen, 6 Stäbchen, 2 feste Maschen häkeln, mit 1 Kettmasche zur Runde schließen.

Blume

Mit Häkelnadel Nr. 2,5 5 Luftmaschen in Hellgrün häkeln, mit 1 Kettmasche zum Ring schließen.
1. Runde: 10 feste Maschen in den Luftmaschenring häkeln, mit 1 Kettmasche zur Runde schließen.
2. Runde: Zu Weiß wechseln. 2 Steigeluftmaschen, dann feste Maschen häkeln. Jede 2. Masche verdoppeln, mit 1 Kettmasche zur Runde schließen.
3. Runde: Zu Türkis wechseln. 1 Steigeluftmasche und in die gleiche Masche 1 Stäbchen häkeln. In die nächste Masche 1 Stäbchen und 1 feste Masche, [in die nächste Masche 1 feste Masche und 1 Stäbchen, in die nächste Masche 1 Stäbchen und 1 feste Masche] stets wiederholen bis Rundenende. Mit 1 Kettmasche zur Runde schließen.

Fliegenpilz

Mit Häkelnadel Nr. 2,5 in Rot 15 Luftmaschen häkeln. Wenden, 1 Wendeluftmasche und 15 feste Maschen in die Luftmaschenkette häkeln.
Wenden (ohne Wendeluftmasche) und in die 2. Masche 1 Kettmasche häkeln, 1 feste Masche, 10 Stäbchen, 1 feste Masche, 1 Kettmasche.
Wenden (ohne Wendeluftmasche) und in die 2. Masche 1 Kettmasche häkeln, 1 feste Masche, 9 Stäbchen, 1 feste Masche, 1 Kettmasche.
Wenden (ohne Wendeluftmasche) und in die 2. Masche 1 Kettmasche häkeln, 1 feste Masche, 8 Stäbchen, 1 feste Masche, 1 Kettmasche.
Zu Weiß wechseln. Am unteren Rand 7 feste Maschen häkeln und eine Luftmaschenkette mit 12 Maschen arbeiten. Wenden und feste Maschen zurückhäkeln, mit 1 Kettmasche am unteren Rand des Pilzkopfs fixieren. Wenden, 1 Luftmasche und feste Maschen am Stiel entlang arbeiten. Wenden, 2 Steigeluftmaschen, 2 Stäbchen und feste Maschen bis Reihenende. Mit 1 Kettmasche am unteren Rand des Pilzkopfs fixieren und feste Maschen bis zum Ende häkeln. Rot vernähen, mit Weiß Punkte in den Pilz sticken.

Sindbad

Pullover im Streifenlook

Sindbad, der Alleskönner! Dieser Pullover darf in der Kollektion fürs Baby nicht fehlen.

Er ist aus dünnem Garn und trotzdem schön warm und sehr bequem. Zum Anziehen kann

Mama die Händchen ganz einfach durch die Ärmel ziehen, da diese weit genug sind.

Sie brauchen

Wolle

- Dünnes Merinogarn, z. B. Life Style von Schoppel (Lauflänge 155 m/50 g; 100 % Wolle): 200 g in Dunkelblau (Marine), 50 g in Gelb (Senf), 50 g in Weiß

Weiteres Material & Zubehör

- Rundstricknadel Nr. 2,5
- Rundstricknadel Nr. 3
- Häkelnadel Nr. 2
- Maschenmarkierer
- Stumpfe Sticknadel
- 3 Knöpfe, 1,5 cm Ø

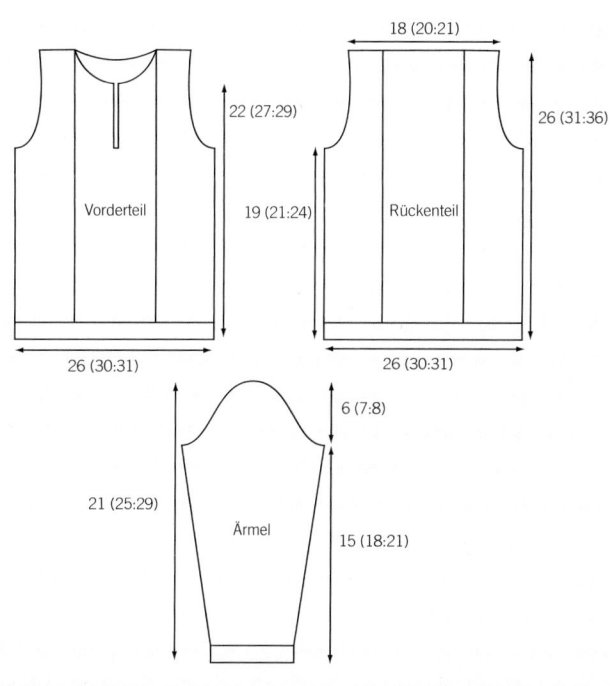

Größe 68 (80:92)   Alle Angaben in cm

Grundmuster

Rippenmuster: 2 Maschen rechts, 2 Maschen links im Wechsel stricken.

Glatt rechts: In Hinreihen rechte Maschen, in Rückreihen linke Maschen stricken.

Kästchenmuster:

1. Reihe: 1 Randmasche, [2 Maschen links, 2 Maschen rechts] stets wiederholen, Reihe beenden mit 1 Randmasche.

2. Reihe: Die Maschen stricken, wie sie erscheinen.

3. Reihe: 1 Randmasche, [2 Maschen rechts, 2 Maschen links] stets wiederholen, 1 Randmasche.

4. Reihe: Die Maschen stricken, wie sie erscheinen. Diese 4 Reihen stets wiederholen.

Maschenprobe

25 Maschen und 39 Reihen glatt rechts mit Nadel Nr. 3 = 10 × 10 cm

So geht's

Für das **Rückenteil** 62 (70:78) Maschen mit der Rundstricknadel Nr. 2,5 in Dunkelblau anschlagen und 10 (10:12) Reihen im Rippenmuster stricken.

Zu Rundstricknadel Nr. 3 wechseln. Das Muster wie folgt einteilen:
1 Randmasche, 16 (18:20) Maschen im Kästchenmuster, 28 (32:36) Maschen glatt rechts, 16 (18:20) Maschen im Kästchenmuster, 1 Randmasche.
6 Reihen in dieser Musteraufteilung weiterstricken.
Zu Weiß wechseln. 2 Reihen mustergemäß.
Zu Dunkelblau wechseln. 4 (6:8) Reihen mustergemäß stricken.
Zu Weiß wechseln. 2 Reihen mustergemäß.
Zu Dunkelblau wechseln. 4 (6:8) Reihen mustergemäß stricken.
Zu Weiß wechseln. 2 Reihen mustergemäß.
Zu Dunkelblau wechseln. 4 (6:8) Reihen mustergemäß stricken.
Zu Weiß wechseln. 2 Reihen mustergemäß.
Zu Dunkelblau wechseln. Mustergemäß weiterstricken, bis 14 (18:24) cm erreicht sind.
Zu Gelb wechseln. 2 Reihen mustergemäß stricken.

Für den **Armausschnitt** beidseitig 1×3, 1×2, 1×1 (1× 3, 1× 2, 1× 1:1× 4, 1× 3 1× 2, 1× 1) Masche(n)

abnehmen. Nach 10 (12:14) Reihen zu Weiß wechseln. Nach 26 (31:36) cm alle Maschen abketten.

Das **Vorderteil** bis zur Armausschnittabnahme wie das Rückenteil stricken.

Hals- und Armausschnitt gleichzeitig beginnen.
Die Mitte des Vorderteils nach 31 (35:39) Maschen markieren und die beiden Seiten des Vorderteils getrennt beenden. In der 1. Reihe 3 (3:4) Maschen abketten, bis zur Markierung stricken, wenden, 2 Maschen abketten und die Reihe mustergemäß beenden. In den nächsten Hinreihen 1× 2, 1× 1 (1× 2, 1× 1:1× 3, 1× 2, 1× 1) Masche(n) abketten.
Nach 10 (12:14) Reihen zu Weiß wechseln.
Bei 22 (27:30) cm Gesamthöhe für den Halsausschnitt in den Rückreihen 1× 5, 3× 1, (1× 6, 4× 1:1× 7, 2× 2 ,1× 1) Masche(n) abketten.
Bei 26 (31:36) cm Höhe alle Maschen abketten.

Die zweite Seite gegengleich arbeiten: Armausschnitt in den Rückreihen, Halsausschnitt in den Hinreihen.

Für einen **Ärmel** 42 (42:46) Maschen mit der Rundstricknadel Nr. 2,5 in Dunkelblau anschlagen und 12 Reihen im Rippenmuster stricken.
Zu Rundstricknadel Nr. 3 wechseln. 6 Reihen im Kästchenmuster stricken. Zu Weiß wechseln.

Zu Weiß wechseln. 3. Zunahme wie oben beschrieben arbeiten.

Zu Dunkelblau wechseln. 4 (6:8) Reihen mustergemäß stricken.

Zu Weiß wechseln. 4. Zunahme wie oben beschrieben arbeiten = 50 (50:54) Maschen.

Zu Dunkelblau wechseln. Mustergemäß weiterstricken, bis 15 (18:21) cm Gesamthöhe erreicht sind.

Zu Gelb wechseln. 2 Reihen mustergemäß stricken.

Für die Armkugel beidseitig je 1× 4 (1× 4:1× 3, 1× 2, 13× 1, 1× 6) Maschen abketten, dann alle verbliebenen Maschen auf einmal abketten.

Den **zweiten Ärmel** genauso arbeiten. Alle Nähte schließen und die Ärmel einnähen.

Entlang der **Knopfleiste** Maschen aufnehmen (aus jeder Randmasche 1 Masche, insgesamt eine gerade Maschenzahl) und die Leiste im Rippenmuster anstricken. Nach 4 Reihen 2 Knopflöcher über je 2 Maschen einarbeiten. Dabei die beiden Maschen abketten, ohne sie zu stricken, und sofort wieder aufnehmen. Nach 8 Reihen im Rippenmuster alle Maschen abketten.

An der gegenüberliegenden Seite die Knopfleiste ohne Löcher stricken. Nach 8 Reihen im Rippenmuster alle Maschen abketten. Beide Leisten an der unteren kurzen Kante annähen. Die Leiste mit den Löchern liegt oben.

Aus dem Halsausschnitt eine gerade Anzahl Maschen für das **Halsbündchen** aufnehmen und im Rippenmuster 4 Reihen stricken. In der 5. Reihe nach 3 Maschen ein Knopfloch über 2 Maschen einarbeiten. Die Reihe beenden. Nach 8 Reihen im Rippenmuster alle Maschen abketten. Alle Fäden vernähen und die Knöpfe annähen.

1. Zunahme arbeiten:

Hinreihe: Nach der Randmasche 1 Masche mustergemäß, jedoch verschränkt, aus dem Querfaden herausstricken.

Rückreihe: Nach der Randmasche 1 Masche mustergemäß, jedoch verschränkt, aus dem Querfaden herausstricken.

Zu Dunkelblau wechseln. 4 (6:8) Reihen mustergemäß stricken.

Zu Weiß wechseln. 2. Zunahme wie oben beschrieben arbeiten.

Zu Dunkelblau wechseln. 4 (6:8) Reihen mustergemäß stricken.

Aladin

Pullunder mit Farbverlauf

Ein Pullunder ist schön warm und lässt doch genügend Bewegungsfreiheit.

Das Verlaufsgarn lässt das Stricken nie langweilig werden. Das Vorderteil ist einige Reihen

länger als das Rückenteil, damit genug Platz für das Bäuchlein ist und nichts hochrutscht.

Sie brauchen

Wolle
• Dünne, weiche Merinowolle, z. B. Merino 150 color von Lang Yarns (Lauflänge 150 m/50 g; 100 % Merino): 250 g in Blau/Farbverlauf (Farbe 432)

Weiteres Material & Zubehör
• Rundstricknadeln Nr. 3 und Nr. 3,5
• Stumpfe Sticknadel
• Zwei Holzknöpfe, 2,3 cm Ø

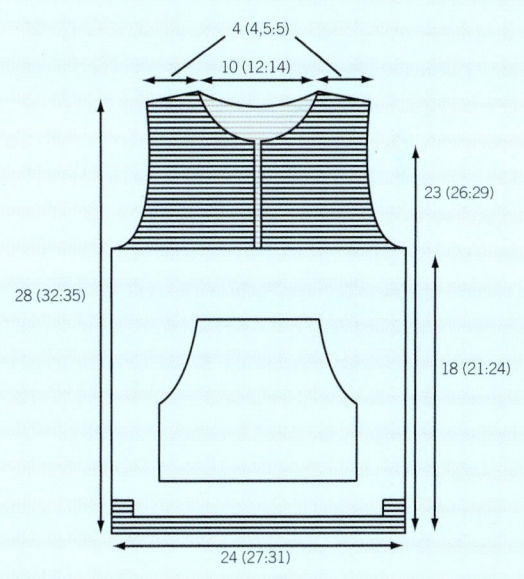

4 (4,5:5)

10 (12:14)

23 (26:29)

28 (32:35)

18 (21:24)

24 (27:31)

Größe 68 (86:98)   Alle Angaben in cm

Grundmuster

Kraus rechts: In Hin- und Rückreihen rechte Maschen stricken. In Runden eine Runde rechte Maschen, eine Runde linke Maschen im Wechsel arbeiten.

Glatt rechts: In Hinreihen rechte Maschen, in Rückreihen linke Maschen stricken. In Runden alle Maschen rechts stricken.

Maschenprobe

25 Maschen und 36 Reihen glatt rechts mit Nadeln Nr. 3,5 = 10 × 10 cm

So geht's

Mit Rundstricknadel Nr. 3 60 (70:80) Maschen anschlagen und 9 (11:13) Reihen kraus rechts stricken.

Zu Rundstricknadel Nr. 3,5 wechseln. 1 Reihe rechte Maschen stricken.

Mit Rundstricknadel Nr. 3 60 (70:80) Maschen anschlagen und 9 (11:13) Reihen kraus rechts stricken.

Rücken- und Vorderteil ab jetzt gemeinsam in Runden weiterstricken. Dazu mit der Rundstricknadel Nr. 3,5 – auf der bereits das Rückenteil liegt – die nächste Reihe des Vorderteils stricken und die Arbeit zur Runde schließen.

In den nächsten 10 Runden werden nur die beiden Ränder über 14 Maschen kraus rechts gestrickt. Dafür am Rundenanfang 7 Maschen links stricken, 46 (56:66) Maschen rechts, 14 Maschen links, 46 (56:66) Maschen rechts, 7 Maschen links.

*Die nächste Runde glatt rechts stricken. In der nächsten Runde 7 Maschen links stricken, 46 (56:66) Maschen rechts, 14 Maschen links, 46 (56:66) Maschen rechts, 7 Maschen links.

Ab * noch 3× wiederholen.

50 (60:70) Runden glatt rechts stricken. Hier beginnen die Armausschnitte.

Vorder- und Rückenteil nun wieder getrennt und kraus rechts weiterstricken.

60 (70:80) Maschen stricken, wenden, 3 (3:4) Maschen abketten, die Reihe beenden, wenden. 3 (3:4) Maschen abketten, die Reihe beenden, wenden.

2 (2:3) Maschen abketten, Reihe beenden, wenden.

2 (2:3) Maschen abketten, Reihe beenden, wenden.

1 (1:2) Maschen abketten, Reihe beenden, wenden.

1 (1:2) Maschen abketten, Reihe beenden, wenden.

1 (1:1) Masche abketten, Reihe beenden, wenden.

1 (1:1) Masche abketten, Reihe beenden, wenden.

Über die verbleibenden 46 (56:60) Maschen 38 Reihen kraus rechts weiterstricken. Alle Maschen abketten. Das ist das **Rückenteil**.

Für das **Vorderteil** den Faden neu ansetzen und mit einer Rückreihe beginnen: 3 (3:4) Maschen abketten, 36 Maschen stricken, wenden.

2 Maschen abketten, die Reihe beenden, wenden.

2 (2:3) Maschen abketten, die Reihe beenden, wenden.

1 Reihe stricken, wenden.

1 (1:2) Maschen abketten, die Reihe beenden, wenden.

1 Reihe stricken, wenden.
1 (1:1) Masche abketten, die Reihe beenden,
wenden.
1 Reihe stricken, wenden.

Über die verbleibenden 28 Maschen 14 Reihen
kraus rechts ohne Abnahmen stricken.

Für den **Halsausschnitt** wie folgt abketten:
5 (5:7) Maschen abketten, Reihe beenden, wenden.
1 Reihe stricken, wenden.
4 (4:5) Maschen abketten, Reihe beenden, wenden.
1 Reihe stricken, wenden.
2 (2:3) Maschen abketten, Reihe beenden, wenden.
1 Reihe stricken, wenden.
1 (1:1) Masche abketten, Reihe beenden, wenden.
1 Reihe stricken, wenden.
24 Reihen rechts.
Alle Maschen rechts abketten.

Die zweite Seite gegengleich arbeiten.

Für die **Tasche** mit Rundstricknadel Nr. 3,5
40 (45:50) Maschen anschlagen und 9 Reihen
kraus rechts stricken.
Dann *1 Reihe rechts stricken, wenden. 7 Maschen
rechts, 26 (31:36) Maschen links, 7 Maschen
rechts. Ab * 5 (7:9)× wiederholen.

Für die **Schräge** *7 Maschen rechts, 2 Maschen
rechts zusammenstricken, 22 (27:32) Maschen
rechts, 2 Maschen rechts verschränkt zusammenstricken, 7 Maschen rechts, wenden. 7 Maschen rechts,
linke Maschen bis zu den letzten 7 Maschen,
7 Maschen rechts.
Ab * 7× wiederholen.
Weiter wie folgt stricken: *1 Reihe rechts, wenden.
7 Maschen rechts, 10 (17:20) Maschen links, 7 Maschen rechts.
Ab * 5× wiederholen.
4 (6:10) Reihen kraus rechts stricken, dann alle
Maschen rechts abketten.

Entlang der Knopfleiste und des Halsausschnitts
mit Rundstricknadel Nr. 3 Maschen gleichmäßig
aufnehmen. Die Anschlagreihe zählt als 1. Reihe.
2. Reihe rechts stricken.
In jeder Hinreihe (= ungeraden Reihe) an der Ecke
von Halsausschnitt und Knopfleiste rechts und links
der Mittelmasche (das ist die Masche, die sich genau auf der Ecke befindet) je 1 Masche verschränkt
aus dem Querfaden herausstricken.
Rückreihe stricken.

Für Größe 68 und 86:
In der 5. Reihe nur ein Knopfloch arbeiten: 6 Maschen rechts, 3 Maschen, ohne sie zu stricken,
abketten und sofort wieder anschlagen. Reihe wie
gewohnt beenden – Zunahmen nicht vergessen.
6.–9. Reihe stricken, dabei die Zunahmen in den
Hinreihen nicht vergessen. Alle Maschen abketten.

Für Größe 98:
In der 5. Reihe auf einer Seite zwei Knopflöcher
arbeiten: 4 Maschen rechts, 3 Maschen, ohne sie
zu stricken, abketten und sofort wieder anschlagen,
4 Maschen rechts, 3 Maschen, ohne sie zu stricken,
abketten, und sofort wieder anschlagen. Reihe wie
gewohnt beenden – Zunahmen nicht vergessen!
6.–10. Reihe stricken, dabei die Zunahmen in den
Hinreihen nicht vergessen.

Für das **Armbündchen** mit der Rundstricknadel
Nr. 3 gleichmäßig Maschen aufnehmen – unter dem
Arm damit beginnen. 6 Reihen kraus rechts stricken.
Die Anschlagreihe gilt als 1. Reihe. Alle Maschen
abketten und die kurzen Enden des Bündchens zusammennähen. Das zweite Armbündchen genauso
arbeiten.

Die **Tasche** auf das Vorderteil heften und oben und
unten festnähen. Die Seiten von unten bis zum Beginn der Schrägen festnähen, sodass oben Eingriffe
für die Hände offen bleiben. Alle Fäden vernähen
und den Knopf bzw. die Knöpfe annähen.

Zum Toben und Spielen

Hosen & Kleider

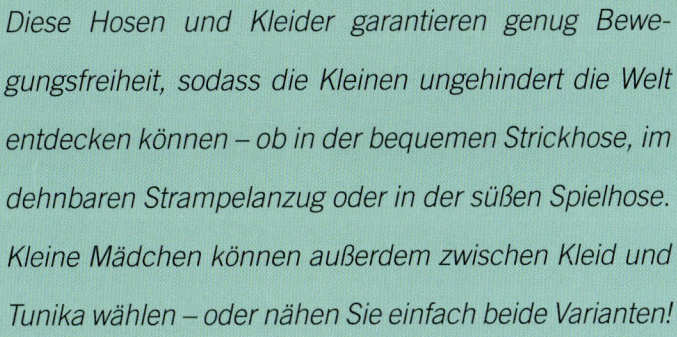

Diese Hosen und Kleider garantieren genug Bewegungsfreiheit, sodass die Kleinen ungehindert die Welt entdecken können – ob in der bequemen Strickhose, im dehnbaren Strampelanzug oder in der süßen Spielhose. Kleine Mädchen können außerdem zwischen Kleid und Tunika wählen – oder nähen Sie einfach beide Varianten!

Honigkuchenpferd

Bequemer Strampelanzug

Vom zarten Strampeln über wilde Krabbeltouren bis zu den ersten Schritten – dieser

Einteiler macht alles mit. Weil er so schön weich ist, eignet er sich für Tag und Nacht.

Ein Klassiker, in modernen Stoffen und Farben neu interpretiert.

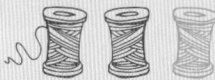

Sie brauchen

Stoff

Als Material eignet sich Jersey, Sweatshirtstoff oder Nicki. Für die Jerseystreifen zum Einfassen kann man entweder Jersey- oder dünnen Bündchenstoff nehmen.

- 50 (55:60:65:70:75:80:80) cm Hauptstoff, 140 cm breit
- 20 cm Bündchenstoff, 80–140 cm breit
- 100 (105:110:110:115:120:125:125) cm Jerseystreifen, 4 cm breit

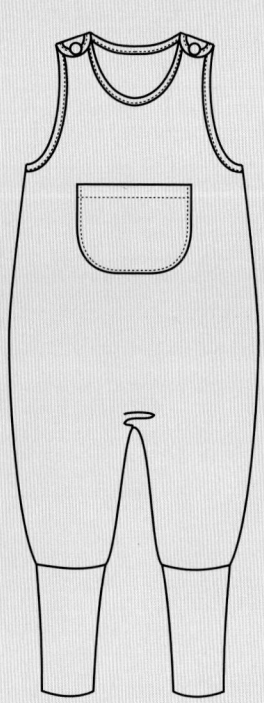

Weiteres Material & Zubehör

- 2 Jerseydruckknöpfe für die Schultern, evtl. 5 für die Poklappe
- Passendes Nähgarn

 # Zuschneiden

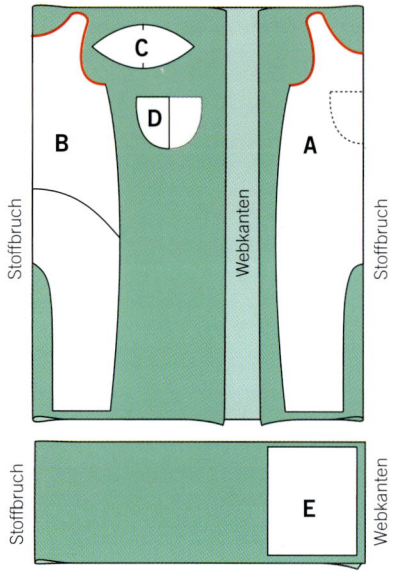

Strampler ohne Poklappe

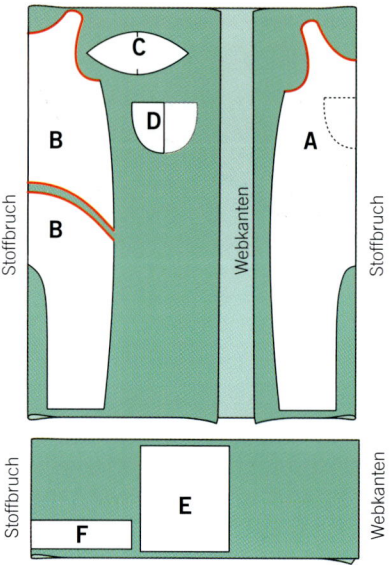

Strampler mit Poklappe

Schnittmusterbogen 5 blau
Größe 56 (62:68:74:80:86:92:98)
Schnittteile
A Vorderteil: 1× im Stoffbruch aus Jersey
B Rückenteil: 1× im Stoffbruch aus Jersey
C Zwickel: 1× aus Jersey
D Brusttasche: 1× im Stoffbruch aus dem gleichen Jersey oder einem kontrastfarbigen Stoff (hier bunt bedruckter Baumwollstoff)
E Beinbündchen: 2× aus Bündchenstoff

Beim Strampler mit Poklappe das Schnittmuster des Rückenteils (B) nach dem Zuschneiden an der eingezeichneten Linie teilen. Außerdem zusätzlich folgendes Schnittteil zuschneiden:
F Poklappenbündchen: 2× im Stoffbruch aus Bündchenstoff

Entscheiden Sie vorab, ob Sie das Modell mit oder ohne Poklappe nähen wollen, und beschriften Sie die Schnittteile entsprechend.

Dic Schnittteile gemäß dem Lageplan mit 1 cm Nahtzugabe zuschneiden, an den rot markierten Kanten ohne Nahtzugabe zuschneiden. An den Bündchen ist die Nahtzugabe schon enthalten. Markierungen im Schnittmuster als Knipse in die Nahtzugaben im Stoff übertragen.

So geht's

01 POKLAPPE (OPTIONAL)

Die Poklappenbündchen längs und mittig links auf links falten und bügeln. Mit den offenen Kanten ein Bündchen gedehnt an das hintere Oberteil und eins an das hintere Unterteil mit 1 cm Nahtzugabe stecken. An den Seiten stehen die Bündchen etwa 1 cm über. Mit 1 cm Nahtzugabe annähen und die Bündchen nach oben bzw. nach unten bügeln und auf dem Oberstoff absteppen. Das Bündchen des Oberteils exakt über das des Unterteils legen und an den Seiten knappkantig auf-einandernähen. 5 Druckknöpfe gleichmäßig verteilt anbringen.

02 TASCHE AUFNÄHEN

Ab hier werden beide Modelle gleich genäht. Die Tasche rundum versäubern. Die obere gerade Kante 1 cm nach links umbügeln und absteppen, an der Rundung die Versäuberungsnaht nach links umbügeln, die Tasche aufs Vorderteil stecken und entlang der Rundung festnähen.

03 SEITENNÄHTE SCHLIESSEN

Vorder- und Rückenteil rechts auf rechts legen und die Seitennähte bündig aufeinanderste-cken. Mit 1 cm Nahtzugabe zusammennähen. Die Nahtzugaben zum Rückenteil hin bügeln.

04 ZWICKEL ANNÄHEN UND BEINNAHT SCHLIESSEN

Den Zwickel rechts auf rechts ans Rückenteil nähen. Der Knips trifft genau mittig auf den Schritt. Danach wird die Beinnaht von Rückenteil und Vor-derteil in einem Zug geschlossen, auch hier muss der Zwickel am Vorderteil wieder mittig liegen.

05 DIE BÜNDCHEN ANNÄHEN

Die Beinbündchen an den langen Seiten jeweils zum Schlauch schließen, dann doppelt um-schlagen, sodass die Naht innen liegt. Die offenen Kanten gedehnt rechts auf rechts an die Beine nä-hen. Wie das genau funktioniert, steht auf Seite 21, Schritt 3 beim Schlafanzug.

06 HALS- UND ARMAUSSCHNITTE EINFASSEN

Die Hals- und Armausschnitte mit dem Jersey-streifen einfassen. Wie das genau funktioniert, steht auf Seite 15, Schritt 1 und 2 beim Body. Achtung: Die Längenangabe für den Jerseystreifen ist groß-zügig bemessen; bitte gedehnt wie in der Anleitung beschrieben annähen und einfach abschneiden, was übersteht. Zum Schluss an den Schultern die Jerseydruckknöpfe anbringen.

Räuberkinder

Gestrickte Pumphose

Die Pumphose ist superpraktisch und in der Variante aus Merinowolle auch wunderbar

geeignet, um sie im Winter unter dem Schneeanzug als Thermoschicht zu tragen.

Aus Baumwolle gefertigt ist sie sommerlicher.

Sie brauchen

Wolle

- Dünne, weiche Merinowolle, z. B. Cheeky Merino Joy von Rosy Green Wool (Lauflänge 320 m/100 g; 100 % Wolle): je 100 g in Hellgrau (Isar Kiesel), Petrol (Gartenteich), Gelb (Sonnenblume) und Türkis (Laguna)
- Alternativ für die Sommerhose: Baumwolle, z. B. Baby Cotton Lang Yarns (Lauflänge 180 m/50 g, 100 % Baumwolle): je 100 g in Türkis, Hellgrau, Blau und Altrosa dunkel

Weiteres Material & Zubehör

- Rundstricknadel Nr. 2,5 und Nr. 3
- Nadelspiel Nr. 2,5 und Nr. 3
- Stumpfe Sticknadel

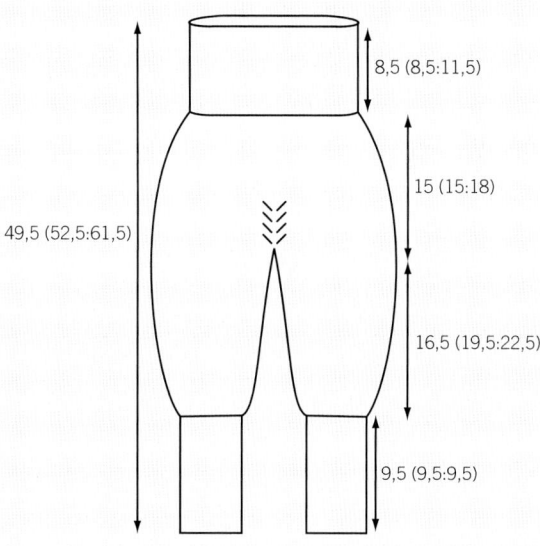

Alle Angaben in cm

Größe 68 (80:98)
Steht keine Zahl in Klammern, gilt die Angabe
für alle Größen.

Grundmuster
Rippenmuster: 1 Masche rechts, 1 Masche links im Wechsel stricken. In Runden glatt rechts stricken, also fortlaufend alle Maschen rechts arbeiten.

Kleines Perlmuster: 1 Masche rechts, 1 Masche links im Wechsel. In der Rückreihe in die rechte Masche der Vorreihe eine linke Masche stricken und in die linke Masche der Vorreihe eine rechte Masche stricken.

Maschenprobe
29 Maschen und 39 Runden glatt rechts mit Nadeln Nr. 3 = 10 × 10 cm

So geht's

120 Maschen mit dem Nadelspiel Nr. 2,5 in Türkis anschlagen und 39 (39:55) Runden im Rippenmuster stricken.

Zu Rundstricknadel Nr. 3 wechseln. Ab der nächsten Runde glatt rechts stricken und wie folgt zunehmen: [6 Maschen rechts, 1 Masche rechts verschränkt aus dem Querfaden herausstricken] stets wiederholen bis zum Rundenende = 140 Maschen.

4 Runden stricken.

*Zu Hellgrau wechseln und 2 Runden stricken. Zu Türkis wechseln und 2 Runden stricken. Ab * 3 (4:5)× wiederholen.

*Zu Hellgrau wechseln und 2 Runden stricken. Zu Petrol wechseln und 2 Runden stricken. Ab * 3 (5:7)× wiederholen.

Weiter im Streifenmuster stricken. Zu Hellgrau wechseln und wie folgt für den **Zwickel** abnehmen: 1 Masche rechts, 2 Maschen rechts zusammenstricken, 64 Maschen rechts, 2 Maschen rechts verschränkt zusammenstricken, 2 Maschen rechts, 2 Maschen rechts zusammenstricken, 64 Maschen rechts, 2 Maschen rechts verschränkt zusammenstricken, 1 Masche rechts.

1 Runde rechts. Zu Türkis wechseln. 1 Masche rechts, 2 Maschen rechts zusammenstricken, 62 Maschen rechts, 2 Maschen rechts verschränkt zusammenstricken, 2 Maschen rechts, 2 Maschen rechts zusammenstricken, 62 Maschen rechts, 2 Maschen rechts verschränkt zusammenstricken, 1 Masche rechts.

1 Runde rechts. Zu Hellgrau wechseln. 1 Masche rechts, 2 Maschen rechts zusammenstricken, 60 Maschen rechts, 2 Maschen rechts verschränkt zusammenstricken, 2 Maschen rechts, 2 Maschen rechts zusammenstricken, 60 Maschen rechts, 2 Maschen rechts verschränkt zusammenstricken, 1 Masche rechts.

1 Runde rechts. Zu Türkis wechseln. 1 Masche rechts, 2 Maschen rechts zusammenstricken, 58 Maschen rechts, 2 Maschen rechts verschränkt zusammenstricken, 2 Maschen rechts, 2 Maschen rechts zusammenstricken, 58 Maschen rechts, 2 Maschen rechts verschränkt zusammenstricken, 1 Masche rechts.

1 Runde rechts. Zu Hellgrau wechseln. 1 Masche rechts, 2 Maschen rechts zusammenstricken, 56 Maschen rechts, 2 Maschen rechts verschränkt zusammenstricken, 2 Maschen rechts, 2 Maschen rechts zusammenstricken, 56 Maschen rechts, 2 Maschen rechts verschränkt zusammenstricken, 1 Masche rechts.

1 Runde rechts = 120 Maschen. Zu Türkis wechseln. 2 Runden rechts. Zu Hellgrau wechseln.

In der nächsten Runde die Maschen teilen für die **Hosenbeine:** Mit dem Nadelspiel Nr. 3 ab Rundenanfang mit vier Nadeln des Nadelspiels jeweils 15 Maschen abstricken, zur (kleinen) Runde schließen und 1 Runde rechts stricken.
*Zu Gelb wechseln und 2 Runden stricken.
Zu Hellgrau wechseln und 2 Runden stricken.
Ab * 6 (10:14)× wiederholen. 2 weitere Runden in Hellgrau stricken.

*Zu Gelb wechseln und 4 Runden stricken.
Zu Hellgrau wechseln und 4 Runden stricken.
Ab * 3× wiederholen. Zu Gelb wechseln und 3 Runden stricken.

Zu Nadelspiel Nr. 2,5 wechseln. In der nächsten Runde rechts stricken und dabei abnehmen: [4 Maschen rechts, 2 Maschen rechts zusammenstricken] stets wiederholen bis Rundenende. Ab jetzt im Rippenmuster stricken. Nach 40 Runden alle Maschen locker abketten.

Das **zweite Hosenbein** genauso arbeiten.

Für die **Flicken** auf den Knien in Türkis mit Nadel Nr. 3 20 Maschen anschlagen und im Perlmuster stricken. In der 3., 4. und 5. Reihe *nach der 1. Randmasche und vor der letzten Randmasche 1 Masche mustergemäß verschränkt zunehmen = 26 Maschen. 20 Reihen im Perlmuster ohne Zu- und Abnahmen stricken. In den nächsten 3 Reihen nach der 1. Randmasche und vor der letzten Randmasche mustergemäß 2 Maschen zusammenstricken = 20 Maschen. In der nächsten Reihe alle Maschen abketten.
Den zweiten Flicken genauso arbeiten. Die Flicken vorn in Höhe der Knie im Steppstich annähen. Alle Fäden vernähen.

Variante: kurze Hose
Für die kurze Variante die Hose vom Bund bis zum Ende des Zwickels wie oben stricken. Weiter mit Nadelspiel Nr. 3 ab Rundenanfang mit vier Nadeln des Nadelspiels jeweils 15 Maschen abstricken, zur Runde schließen und 1 Runde rechts stricken.
*Zu Gelb wechseln und 2 Runden stricken.
Zu Hellgrau wechseln und 2 Runden stricken.
Ab * 2 (6:10)× wiederholen.
Zu Gelb wechseln und 2 Runden stricken.
Zu Nadelspiel Nr. 2,5 wechseln. In der nächsten Runde abnehmen: [4 Maschen rechts, 2 Maschen rechts zusammenstricken] stets wiederholen bis Rundenende.
Ab jetzt im Rippenmuster stricken. Nach 12 Runden alle Maschen locker abketten.
Das zweite Hosenbein genauso arbeiten. Alle Fäden vernähen. Flicken sind nicht nötig.

Goldmarie

Kleid oder Tunika mit oder ohne Ärmel

Dieser Schnitt ist ein wahrer Alleskönner für zauberhafte Blusen und Kleider. Mit langen

oder kurzen Ärmeln oder ganz ärmellos eignet sich der Schnitt für alle Jahreszeiten.

Zu dem kurzen Babymodell passt perfekt das Windelhöschen von Seite 132.

Sie brauchen

Stoff
Als Stoffe eignen sich alle dünnen gewebten Stoffe.

Für das Kleid ohne Ärmel
• 35 (40:45:50:50:55:60:60) cm Stoff, 140 cm breit

Für das Kleid mit kurzen Ärmeln
• 50 (55:60:65:70:75:80:80) cm Stoff, 140 cm breit

Für das Kleid mit langen Ärmeln
• 60 (65:70:75:80:85:90:95) cm Stoff, 14 cm breit

Für die Tunika ohne Ärmel
• 30 (35:35:35:40:40:40:40) cm Stoff, 140 cm breit

Für die Tunika mit kurzen Ärmeln
• 45 (50:50:55:55:60:60:60) cm Stoff, 140 cm breit

Für die Tunika mit langen Ärmeln
• 55 (60:65:65:70:70:75:75) cm Stoff, 140 cm breit

Tunika von vorn   Tunika von hinten

Kleid von vorn   Kleid von hinten

Weiteres Material & Zubehör
• 6 (7:7:8:8:9:9:10) Knöpfe, ca. 1,5 cm Ø,
  für das Kleid
• 5 (5:6:6:6:7:7:7) Knöpfe, ca. 1,5 cm Ø,
  für die Tunika
• Ca. 20 cm dünne Bügeleinlage, 90 cm breit
• Passendes Nähgarn

 # Zuschneiden

Kleid mit langen/kurzen Ärmeln

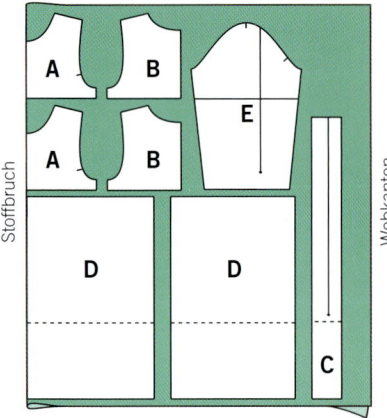

Kleid ohne Ärmel

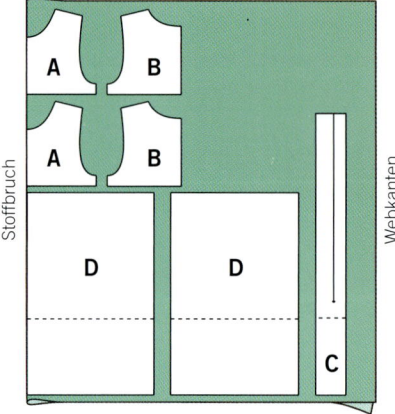

Tunika mit langen/kurzen Ärmeln

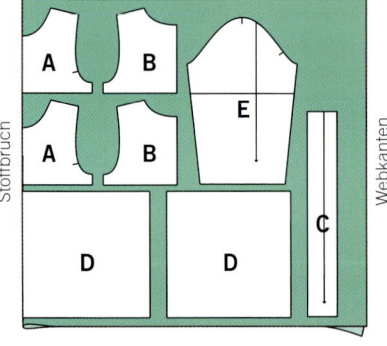

Tunika ohne Ärmel

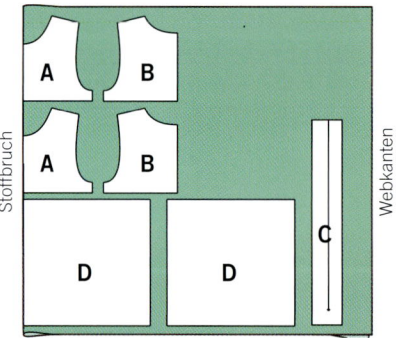

Schnittmusterbogen 3 rot
Größe 56 (62:68:74:80:86:92:98)
Schnittteile
A Vorderteil: 2× im Stoffbruch
B Rückenteil: 4×
C Knopfleiste: 2×, mit Bügeleinlage verstärken
D Rockteil: 1× im Stoffbruch, 2× einzeln

Für das Kleid und die Tunika mit Ärmeln außerdem zusätzlich folgendes Schnittteil zuschneiden:
E Ärmel: 2×, kurze Ärmel nur bis zur blauen Markierungslinie im Schnittteil

Entscheiden Sie vorab, welche Modellvariante Sie nähen wollen, und beschriften Sie die Schnittteile entsprechend.

Die Schnittteile gemäß dem Lageplan mit 1 cm Nahtzugabe zuschneiden, an Saum und Ärmelsaum 2 cm Nahtzugabe berücksichtigen, an der Knopfleiste ist die Nahtzugabe schon enthalten. Die Markierungen im Schnittteil als Knipse in die Nahtzugaben im Stoff übertragen.

So geht's

01 ROCKBAHNEN KRÄUSELN

Alle Rockbahnen werden – einzeln – an der oberen Kante gekräuselt, um auf die Breite des Oberteils zu kommen. Dazu näht man mit der normalen Nähmaschine und größtmöglichem Geradstich zwei parallele Nähte, einmal mit einem Kantenabstand von 5 mm, dann von 10 mm. Anfang und Ende der Nähte werden nicht verriegelt, die Fäden müssen einige Zentimeter überstehen. Durch das Ziehen an zwei Oberfäden an einem Ende den Stoff raffen. So weit zusammenschieben, dass die Rockbahnen exakt so breit sind wie das dazugehörige obere Vorder- bzw. Rückenteil. Die Enden verknoten und die Rüschen gleichmäßig verteilen.

02 ROCKBAHNEN ANNÄHEN

Die Rockbahnen mit der gekräuselten Naht rechts auf rechts an das dazugehörige Oberteil stecken und mit 1 cm Nahtzugabe zusammennähen. Die Nahtzugabe versäubern und zum Oberteil hin bügeln. Wenn von rechts noch ein Faden der Kräuselung sichtbar ist, kann man ihn lösen und herausziehen. Bei beiden Rückenteilen und dem Vorderteil so verfahren.

03 VORDER- UND RÜCKENTEILE VERBINDEN

Die Rückenteile an den Seitennähten rechts auf rechts auf das Vorderteil stecken, mit 1 cm Nahtzugabe zusammennähen und versäubern. Die Nahtzugaben zu den Rückenteilen hin bügeln.

04 SAUM NÄHEN

Den unteren Saum zweimal 1 cm nach links umlegen, bügeln und absteppen.

VARIANTE MIT ÄRMELN

05 SCHULTERNÄHTE SCHLIESSEN

Die Schulternähte mit 1 cm Nahtzugabe rechts auf rechts zusammennähen, versäubern und zu den Rückenteilen hin bügeln.

06 BELEG NÄHEN

Aus einem vorderen und zwei hinteren Oberteilen wird der Beleg genäht. Die Seiten- und Schulternähte rechts auf rechts zusammennähen, versäubern und die Nahtzugaben zu den Rückenteilen hin bügeln. Die lange untere Kante mit Zickzackstich oder mit der Overlock versäubern.

07 BELEG AN DEN HALSAUSSCHNITT NÄHEN

Den Beleg entlang des Halsausschnitts rechts auf rechts auf das Oberteil stecken, mit 1 cm Nahtzugabe zusammennähen und die Nahtzugaben in den Rundungen bis zur Naht einkerben. Den Beleg nach innen stülpen, die Kante ausbügeln und von rechts absteppen. An den Armausschnitten die beiden Stofflagen von Außenstoff und Beleg bündig aufeinanderstecken und rundum sehr knappkantig zusammennähen, das erleichtert das Einsetzen der Ärmel.

08 ÄRMEL NÄHEN

Die Ärmel rechts auf rechts längs zur Mitte falten. Die langen Nähte mit 1 cm Nahtzugabe zusammennähen, versäubern und die Nahtzugabe ausbügeln. Die Ärmel in die Armausschnitte stecken, dabei an den Knipsen orientieren. Mit 1 cm Nahtzugabe einnähen und offene Kanten versäubern.

09 ÄRMELSAUM

Ärmelsaum zweimal 1 cm nach links falten, bügeln und absteppen. Besonders süß sieht es aus, wenn man in den Saum noch einen schmalen Gummi einzieht. Dafür beim Absteppen eine kleine Öffnung lassen, durch die das Gummiband mithilfe einer Sicherheitsnadel eingezogen wird.

VARIANTE OHNE ÄRMEL

10 BELEG NÄHEN

Aus einem vorderen und zwei hinteren Oberteilen wird der Beleg genäht. Die Seiten- und Schulternähte rechts auf rechts zusammennähen, versäubern und die Nahtzugaben zu den Rückenteilen hin bügeln. Die lange untere Kante mit Zickzackstich oder mit der Overlock versäubern.

11 BELEG ANNÄHEN

Den Beleg entlang des Halsausschnittes und der Armausschnitte rechts auf rechts an das Oberteil stecken – die Schultern bleiben offen – und mit 1 cm Nahtzugabe zusammennähen. Die Nahtzugaben in den Rundungen bis zur Naht einkerben, dann das Oberteil auf rechts wenden: Die Nahtzugaben liegen innen. Die Kanten ausbügeln und absteppen.

12 SCHULTERNÄHTE SCHLIESSEN

Die (doppelten) Schulternähte rechts auf rechts stecken, mit 1 cm Nahtzugabe zusammennähen, versäubern und zu den Rückenteilen hin bügeln. Eventuell noch einmal absteppen, damit die Nahtzugabe von außen nicht herausschaut.

ALLE VARIANTEN

13 KNOPFLEISTEN NÄHEN

Die Stoffstreifen für die Knopfleiste bei dünnen Stoffen unbedingt mit Bügeleinlage verstärken. Jeweils eine Knopfleiste rechts auf rechts längs mittig falten und die kurzen Enden mit 1 cm Nahtzugabe nähen. Knopfleiste auf rechts wenden und sorgfältig bügeln – die langen offenen Kanten liegen exakt aufeinander. Die Knopfleiste an eine offene Kante am Rückenteil legen und überprüfen, ob die Länge stimmt, gegebenenfalls anpassen. Die andere Knopfleiste ebenso vorbereiten.

14 KNOPFLEISTEN ANNÄHEN

Jeweils eine Knopfleiste an eine offene Kante am Rücken rechts auf rechts stecken, mit 1 cm Nahtzugabe festnähen und die Naht versäubern. Die Knopfleiste aufklappen und die Nahtzugaben zum Kleid hin bügeln. Beide Knopfleisten knappkantig absteppen.

15 KNOPFLÖCHER UND KNÖPFE

Die Position der Knopflöcher markieren: Eins ganz oben, eins mit 7–8 cm Abstand zur unteren Kante, die übrigen in regelmäßigen Abständen dazwischen. Die Knopflöcher senkrecht in die Knopfleiste nähen. Anhand der Knopflöcher die Position der Knöpfe markieren und diese annähen. Alternativ können Sie Druckknöpfe anbringen.

TIPP

Falls Sie das Kleid mit einer Applikation verzieren möchten – wie in unserem Beispiel –, machen Sie das am besten, bevor Sie den Beleg nähen. Tipps zum Applizieren finden Sie auf Seite 90.

Applizieren

Das Applizieren ist eine wunderbare Schmucktechnik, mit der man jedes Kleidungsstück ganz schnell aufwerten und individualisieren kann. Von einfachen Formen bis zu komplexen Bildern – der Kreativität sind keine Grenzen gesetzt.

Luftballons

Pro Luftballon braucht man eine 15 cm lange dünne Kordel – nicht länger, da das Kind sonst mit den Schlaufen hängen bleiben kann. Die Applikationen werden wie in der allgemeinen Anleitung vorbereitet, aber bevor man sie auf das Kleidungsstück bügelt, wird ein Kordelende zwischen Applikation und Kleidungsstück geschoben und beim Zickzacknähen dort fixiert. Die losen Kordelenden zusammenbinden.

So geht's

1. Ein Motiv wählen, ausdrucken, kopieren oder zeichnen (Vorlagen siehe S. 139–139).
2. Ein Stück Vliesofix mit der Papierseite nach oben auf die Vorlage legen und das Motiv abpausen.
3. Das Motiv großzügig ausschneiden.
4. Das Vliesofix-Motiv mit der rauen Seite (nicht Papierseite) nach unten auf die linke Seite des Stoffes legen und aufbügeln.
5. Das Motiv entlang der Konturlinie ausschneiden.
6. Das Papier des Vliesofix vorsichtig abziehen, die Vliesschicht haftet am Stoff. An die gewünschte Position auf das Kleidungsstück legen. Bei mehrlagigen Motiven zuerst das unterste Teil auflegen.
7. Das Motiv aufbügeln, dabei das Bügeleisen nicht schieben, sondern immer ein wenig überlappend versetzen. Bei empfindlichen Stoffen ein Baumwolltuch dazwischenlegen.
8. Das Motiv mit Geradstich (bei Jersey) oder sehr engem Zickzackstich (bei gewebter Baumwolle) aufnähen.
9. Wenn man bei einem mehrlagigen Motiv das unterste Element angenäht hat, folgen nach und nach die weiteren Teile, bis das Motiv komplett ist.

Wolke & Auto

Die einlagige Wolkenapplikation eignet sich gut zum Einstieg. Sie wird gemäß der allgemeinen Anleitung gefertigt. Enge Kurven sind kniffliger zu nähen als gerade Kanten oder weiche Kurven.

Die mehrlagige Autoapplikation ist etwas anspruchsvoller, weil man zuerst die Karosserie appliziert, anschließend das Fenster und die Räder.

Nesthäkchen

Bequeme Spielhose

Ob zum Bauen, Spielen oder Kuscheln: In dieser Hose hat das Kind

in der warmen Jahreszeit genügend Bewegungsfreiheit. Die Gummis am Rücken

und an den Beinen machen das Höschen besonders bequem und verrutschsicher.

Sie brauchen

von vorn **von hinten**

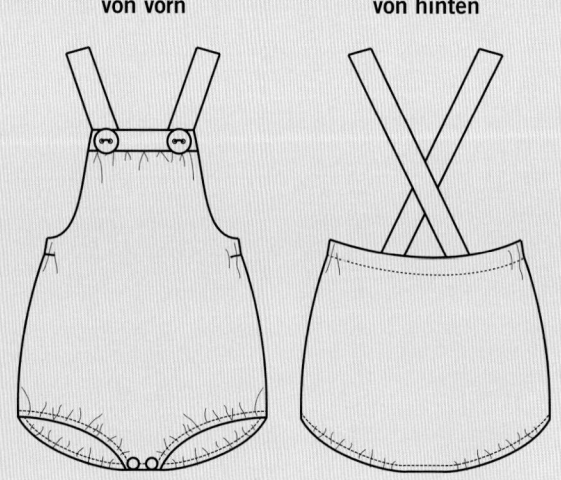

Stoff

Als Stoffe eignen sich alle nicht dehnbaren Stoffe wie Baumwollstoffe, Leinen, Babycord, Jeans. Als Innenstoff sind dünne Baumwollstoffe am besten.

- 35 (40:40:40:45:45:45:45) cm Außenstoff, 140 cm breit
- 35 (40:40:40:45:45:45:45) cm Innenstoff, 140 cm breit

Weiteres Material & Zubehör

- 25 cm dünne Bügeleinlage, 90 cm breit
- 2 große Knöpfe, 1,5–2 cm Ø
- 3 Druckknöpfe zum Annähen, 1–1,5 cm Ø
- 55 cm Gummiband, 1 cm breit
- 30 cm Gummiband, 2,5 cm breit
- Passendes Nähgarn

 Zuschneiden

Außenstoff

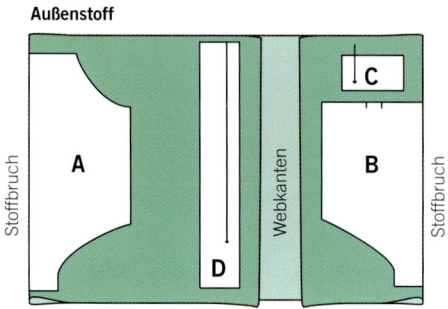

Futter

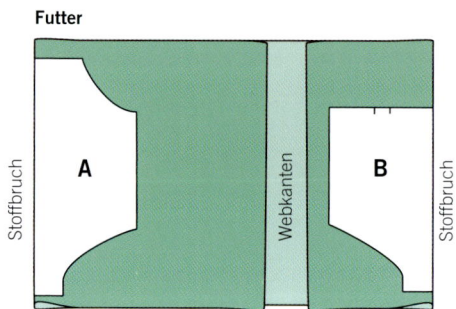

Schnittmusterbogen 2 blau
Größe 56 (62:68:74:80:86:92:98)
Schnittteile
A Vorderes Teil: 1× im Stoffbruch aus Außenstoff,
1× im Stoffbruch aus Innenstoff
B Hinteres Teil: 1× im Stoffbruch aus Außenstoff,
1× im Stoffbruch aus Innenstoff
C Passe: 1× aus Außenstoff, mit Bügeleinlage
verstärken
D Träger: 2× aus Außenstoff, dünne Stoffe mit
Bügeleinlage verstärken

Die Schnittteile gemäß dem Lageplan zuschneiden.
Der Träger enthält schon die Nahtzugabe, ansonsten 1 cm zugeben. Markierungen im Schnittteil als
Knipse in die Nahtzugaben im Stoff übertragen.

So geht's

01 SEITENNÄHTE SCHLIESSEN
Das vordere und das hintere Teil aus
Außenstoff rechts auf rechts aufeinanderlegen und
die Seitennähte zusammennähen. Die Nahtzugaben
auseinanderbügeln, sie müssen nicht versäubert
werden. Das Futter ebenso vorbereiten, dabei aber
in einer Seitennaht eine 10 cm lange Wendeöffnung
lassen.

02 VORDER- UND RÜCKENTEILE VERBINDEN
Die vorderen Teile aus Außen- und aus Innenstoff
an der oberen geraden Kante auf Breite der Passe
kräuseln (siehe S. 87, Schritt 1). Die Passe mit
Bügeleinlage verstärken und links auf links mittig
falten und bügeln.

03 VORDERTEILE VERBINDEN
Nun je eine lange Passenseite rechts auf
rechts an die gekräuselte Kante des Außenstoffs
und die gegenüberliegende Seite rechts auf rechts
an die gekräuselte Kante des Futterstoffs nähen.

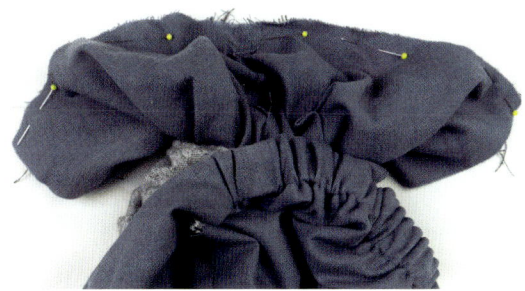

04 TRÄGER ANNÄHEN
Die Träger rechts auf rechts längs und mittig falten. An der langen Seite und einer kurzen Seite mit 1 cm Nahtzugabe zusammennähen. Die Träger – mithilfe eines Löffels oder einer Stecknadel – wenden und bügeln. Beide Träger am hinteren Teil zwischen den Markierungen rechts auf rechts festnähen. Die Träger liegen dabei auf der Hose und zeigen zum Beinausschnitt.

05 AUSSEN- UND INNENHOSE VERBINDEN
Außen- und Innenhose so rechts auf rechts aufeinanderstecken, dass die hinteren oberen Kanten, die Seitennähte und die Passenansatznähte übereinanderliegen. Die Träger zeigen nach unten und liegen zwischen den beiden Stofflagen. Die obere Kante von der Passe über den Rücken zur Passe mit 1 cm Nahtzugabe zusammennähen. Die Nahtzugaben an der Rundung mehrmals einschneiden. Die Hose auf rechts wenden und die obere Kante bügeln.

06 GUMMI AM RÜCKEN EINZIEHEN
Die gerade Bundkante oben von Rundung zu Rundung mit 3 cm Kantenabstand absteppen, sodass ein Tunnel entsteht. Das breite Gummiband auf 20 (21:22:23:24:25:26:27) cm Länge zuschneiden und in den Tunnel einziehen. Die Enden gut festnähen. Bei sehr schmalen Kindern das Gummiband anpassen (das Gleiche gilt für Schritt 8).

07 BEINAUSSCHNITT VERSTÜRZEN
An einem Beinausschnitt auf Höhe der Seitennaht die Nahtzugaben von Außen- und Innenstoff nach innen klappen und mit einer Hand festhalten. Mit der anderen Hand in die Wendeöffnung greifen, die eingeklappten Nahtzugaben von innen fassen und durch die Öffnung ziehen. Die Stelle zusammenstecken und von da aus den einen Beinausschnitt komplett zusammenstecken, mit 1 cm Nahtzugabe zusammennähen, Nahtzugabe an der Rundung einschneiden und wieder durch die Wendeöffnung zurückziehen. Die Naht ausbügeln. Genauso mit dem anderen Beinausschnitt verfahren. Im Schritt sind die Kanten noch offen.

08 GUMMIS AM BEINAUSSCHNITT EINZIEHEN
Die Beinausschnitte von rechts mit 1,3 cm Kantenabstand absteppen. Das schmale Gummiband für die Beinausschnitte auf 2× 20 (21:22:23:24:25:26:27) cm zuschneiden und in die Beintunnel ziehen. An beiden Enden ca. 3 cm von der Öffnung entfernt festnähen.

09 KNÖPFE
Beide Schrittkanten versäubern, dann 2 cm nach links falten, bügeln und absteppen. 3 Druckknöpfe im Schritt festnähen. In die Passe zwei Knopflöcher nähen. Die Position der Knöpfe bei einer Anprobe mit dem Kind ermitteln. Die Knöpfe annähen.

Nichts wie raus!

Outdoorkleidung

Was gibt es Schöneres, als draußen neue Abenteuer zu erleben? Um für jedes Wetter gewappnet zu sein, benötigen die Kleinen neben Mütze, Tuch, Handschuhen und Hut natürlich eine warme Jacke oder einen Overall mit einer großen Kapuze zum Einkuscheln. Damit auch an nassen Tagen fleißig gebuddelt werden kann, darf eine wasserfeste Hose nicht fehlen. Sobald die Sonne da ist, nichts wie ab ans Wasser mit Schwimmwindel und Badeponcho!

Rumpelstilzchen

Warmer Overall

Wenn es draußen kalt wird, braucht der Nachwuchs etwas schön Warmes zum Einkuscheln. Da kommt der Overall wie gerufen. Wegen der Bündchen pfeift der Wind nicht rein. Wenn es drinnen zu warm wird, kann man die lange Knopfleiste ruck, zuck öffnen.

Sie brauchen

Stoff

Als Stoff eignen sich Walkstoff und andere dicke Wollstoffe optimal, aber auch Fleece und Sweatshirtstoff sind möglich. Die Kapuze füttert man am besten mit einem feinen Baumwollstoff oder Jersey.

- 45 (55:60:65:100:110:115:120) cm Stoff, 140 cm breit
- 30 (35:35:35:35:40:40:40) cm Kapuzenfutter
- 40 cm Bündchenstoff, 140 cm breit (oder 50 cm bei 80 cm Breite)

Weiteres Material & Zubehör

- 9 (10:11:12:13:14:15:16) Jerseydruckknöpfe
- Passendes Nähgarn

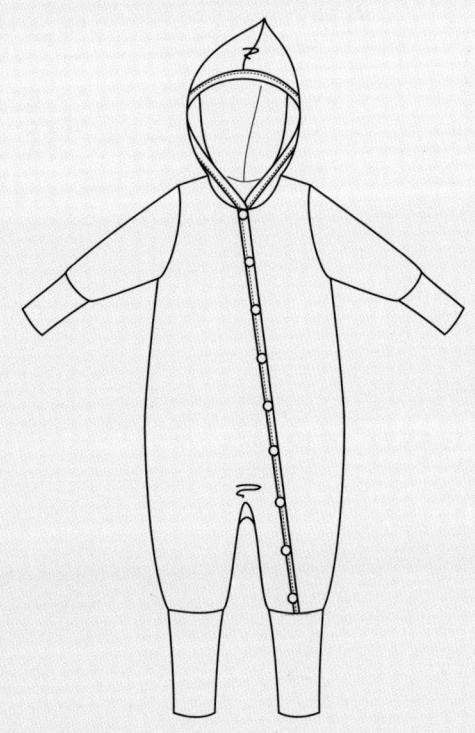

 # Zuschneiden

Stoff, ca. 20 cm umgeschlagen

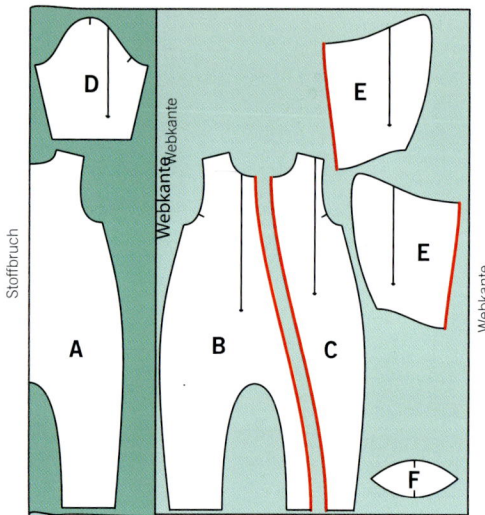

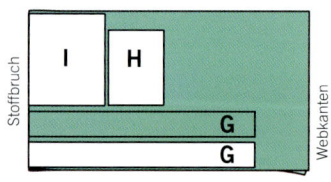

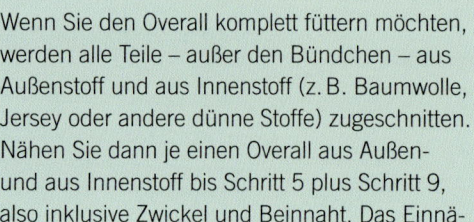

Schnittmusterbogen 1 und 6 blau
Größe 56 (62:68:74:80:86:92:98)
Schnittteile

A Rückenteil: 1× im Stoffbruch
B Vorderteil rechts: 1×
C Vorderteil links: 1×
D Ärmel: 2×
E Kapuze: jeweils 2× aus Außenstoff und Innenstoff
F Zwickel: 1×
G Knopfleiste: 2× im Stoffbruch aus Bündchenstoff
H Armbündchen: 2× aus Bündchenstoff
I Beinbündchen: 2× aus Bündchenstoff

Die Schnittteile gemäß dem Lageplan an den rot markierten Kanten ohne Nahtzugabe zuschneiden, an den Bündchen ist die Nahtzugabe schon enthalten, alle anderen Kanten mit 1 cm Nahtzugabe zuschneiden. Die Markierungen im Schnittteil als Knipse in die Nahtzugaben im Stoff übertragen.

TIPP

Wenn Sie den Overall komplett füttern möchten, werden alle Teile – außer den Bündchen – aus Außenstoff und aus Innenstoff (z. B. Baumwolle, Jersey oder andere dünne Stoffe) zugeschnitten. Nähen Sie dann je einen Overall aus Außen- und aus Innenstoff bis Schritt 5 plus Schritt 9, also inklusive Zwickel und Beinnaht. Das Einnä-

hen der Futterkapuze entfällt. Stecken Sie den Futteroverall links auf links in den Außenoverall und nähen Sie beide Lagen entlang der Arm- und Beinsäume sowie der Knopfleistenkante knappkantig zusammen. Arbeiten Sie dann alle Bündchen und die Druckknöpfe wieder nach der Anleitung.

So geht's

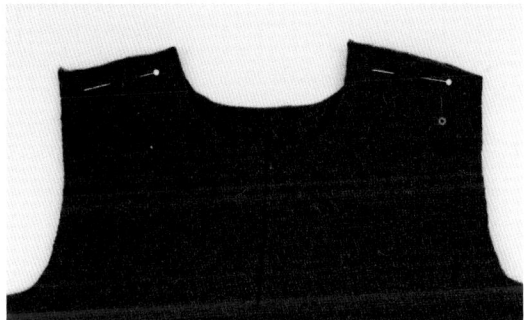

01 SCHULTERNÄHTE ZUSAMMENNÄHEN

Die Vorderteile rechts auf rechts auf das Rückenteil legen und die Schulternähte mit 1 cm Nahtzugabe zusammennähen, versäubern und die Nahtzugaben zum Rückenteil hin bügeln.

02 ÄRMEL EINSETZEN

Beim Einsetzen der Ärmel darauf achten, dass der seitliche Ärmelknips auf den Knips im Vorderteil trifft und der Schulterknips genau auf der Schulternaht liegt. Mit 1 cm Nahtzugabe einnähen und versäubern.

03 SEITENNÄHTE SCHLIESSEN

Vorder- und Rückenteil sowie die Ärmel entlang der Seiten- und Ärmelnaht rechts auf rechts aufeinanderstecken, mit 1 cm Nahtzugabe zusammennähen, versäubern und die Nahtzugaben zum Rückenteil hin bügeln.

04 KAPUZE VORBEREITEN

Die Kapuzenteile aus Außenstoff entlang der äußeren Rundung rechts auf rechts zusammennähen und die Nahtzugaben so gut es geht auseinanderbügeln. Die Kapuze aus Innenstoff ebenso vorbereiten.

05 KAPUZE EINNÄHEN

Die Kapuze aus Außenstoff rechts auf rechts an den Halsausschnitt stecken. Sie reicht genau bis an die Kanten der Vorderteile. Mit 1 cm Nahtzugabe annähen.

06 INNENKAPUZE EINNÄHEN

Die Kapuze aus Innenstoff an der gleichen Naht, aber von der linken Overallseite – rechts auf links – ebenso annähen. Falls gewünscht, einen Aufhänger mit in die Naht stecken. Auch die Innenkapuze reicht genau bis an die Kanten der Vorderteile. Wenn man die Innenkapuze nun in die Außenkapuze hochklappt, verschwindet die Halsausschnittnaht zwischen den beiden Kapuzenlagen. Gegebenenfalls absteppen.

07 KNOPFLEISTENBÜNDCHEN ANNÄHEN

Die beiden Bündchenschnittteile für Kapuze/Knopfleiste an einer kurzen Seite aneinandernähen, sodass ein sehr langer Streifen entsteht. Diesen links auf links längs und mittig falten und bügeln. Den Streifen mit den offenen Kanten rechts auf rechts entlang der offenen vorderen Kanten und der Kapuze stecken. Man beginnt unten am Beinsaum, steckt die Knopfleiste ungedehnt bis zur Kapuze, das Gleiche an der anderen Seite. Dann erst den Rest gedehnt an die Kapuze stecken und rundum mit 1 cm Nahtzugabe festnähen. Versäubern, Nahtzugabe bügeln und gegebenenfalls absteppen.

08 DRUCKKNÖPFE

Die Bündchen am Beinsaum übereinanderlegen und knappkantig aufeinandernähen. Druckknöpfe bis zum Halsausschnitt regelmäßig verteilt anbringen.

09 ZWICKEL UND BEINNAHT

Den Zwickel rechts auf rechts ans Rückenteil nähen, dabei liegt der Knips genau mittig im Schritt. Danach wird die Beinnaht mit dem Vorderteil geschlossen – auch hier muss der Zwickel wieder mittig liegen. Die Nahtzugaben versäubern.

10 BÜNDCHEN ANNÄHEN

Die Arm- und Beinbündchen jeweils längs und mittig falten, dann an den langen Seiten mit einer Naht zum Schlauch schließen. Zur Hälfte umschlagen, sodass die lange Naht innen liegt. Die offenen Kanten gedehnt an Ärmel und Beine nähen. Die Bündchen sind extralang zum Umschlagen und lassen den Overall eine Größe mitwachsen.

Zauberlehrling

Mütze mit Intarsienmuster

Bei dieser Mütze bringen einfache Einstrickmuster viel Farbe ins Spiel und die im Maschenstich aufgestickten Punkte lockern die Geometrie auf. Der Rollrand ist Zierde, das anschließende Bündchen hält die Mütze fest am Kopf.

Sie brauchen

Wolle

- Weiche Merinowolle, z.B. Cheeky Merino Joy von Rosy Green Wool (Lauflänge 320 m/100 g; 100 % Schurwolle): 100 g in Hellgrau (Isar Kiesel) sowie Reste in Türkis (Laguna), Gelb (Sonnenblume), Mauve (Wilde Malve) und Petrol (Gartenteich)

Weiteres Material & Zubehör

- Nadelspiel Nr. 3 und Nr. 2
- Stumpfe Sticknadel

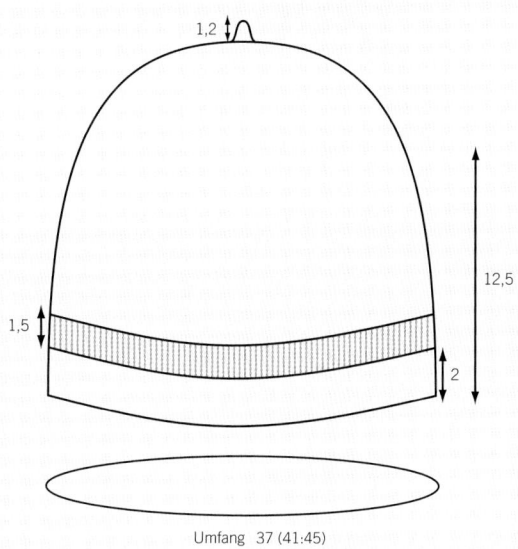

Umfang 37 (41:45)

Größe 56 (80:98)   Alle Angaben in cm

 # Strickschrift

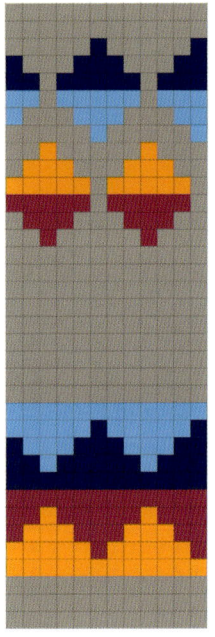

■ Hellgrau
■ Gelb
■ Mauve
■ Petrol
■ Türkis

Grundmuster
Glatt rechts in Runden: Fortlaufend alle Maschen rechts stricken.
Rippenmuster: 1 Masche rechts, 1 Masche links im Wechsel stricken.

Maschenprobe
29 Maschen und 41 Reihen glatt rechts mit Nadeln Nr. 3 = 10 × 10 cm

TIPP

Bei den ganz Kleinen verrutscht eine Mütze oft, darum sind Bindebänder sehr praktisch. Stricken Sie mit der Strickliesel zwei 40 cm lange Schnüre. Die 4 Maschen der Schnur dann auf eine Stricknadel Nr. 3 legen und kraus rechts weiterstricken. In der 2. Reihe nach und vor der Randmasche je 1 Masche rechts verschränkt aus dem Querfaden herausstricken = 6 Maschen. In jeder 4. Reihe wiederholen, bis 12 Maschen auf der Nadel liegen. Noch 2 Reihen kraus rechts stricken, dann abketten. Die zweite Ohrenklappe identisch arbeiten. Nach Fertigstellung der Mütze eine Ohrenklappe 20 Maschen nach Rundenbeginn der Mütze anhäkeln oder annähen. Die andere Ohrenklappe 20 Maschen vor Rundenende anhäkeln oder annähen. Alle Fäden vernähen.

[3 Maschen rechts, 2 Maschen rechts verschränkt zusammenstricken, 1 Masche rechts, 2 Maschen rechts zusammenstricken, 2 Maschen rechts] stets wiederholen bis Rundenende.
3 Runden ohne Abnahmen stricken.

[2 Maschen rechts, 2 Maschen rechts verschränkt zusammenstricken, 1 Masche rechts, 2 Maschen rechts zusammenstricken, 1 Masche rechts] stets wiederholen bis Rundenende.
3 Runden ohne Abnahmen stricken.

[1 Masche rechts, 2 Maschen rechts verschränkt zusammenstricken, 1 Masche rechts, 2 Maschen rechts zusammenstricken] stets wiederholen bis Rundenende.
1 Runde ohne Abnahmen stricken.

Zu Gelb wechseln (Hellgrau abschneiden) und 2 Runden ohne Abnahmen stricken.

[2 Maschen rechts verschränkt zusammenstricken, 2 Maschen rechts] stets wiederholen bis Rundenende.
3 Runden ohne Abnahmen stricken.

[1 Masche rechts, 2 Maschen rechts zusammenstricken] stets wiederholen bis Rundenende.
1 Runde ohne Abnahmen stricken.

[2 Maschen rechts verschränkt zusammenstricken] stets wiederholen bis Rundenende = 10 Maschen.

Auf Nadelspiel Nr. 2 wechseln und für den **Zipfel** 7 Runden rechts stricken.

Den Faden nicht zu kurz abschneiden, durch die verbleibenden Maschen ziehen und fest zusammenziehen. Mit Gelb entlang der Mittelmaschenreihe der Abnahmen jede 2. Masche mit Maschenstich umstechen.
Alle Fäden vernähen.

So geht's

108 (120:132) Maschen mit dem Nadelspiel Nr. 3 in Hellgrau anschlagen, zur Runde schließen und 10 Runden glatt rechts stricken.
8 Runden im Rippenmuster stricken.
Über 36 Runden das Muster gemäß Strickschrift beginnen.

Abnahmen: Die Abnahmen sind bei allen drei Größen gleich.
Nur mit Hellgrau [4 Maschen rechts, 2 Maschen rechts verschränkt zusammenstricken, 1 Masche rechts, 2 Maschen rechts zusammenstricken, 3 Maschen rechts] stets wiederholen bis Rundenende.
3 Runden ohne Abnahmen stricken.

Bi-Ba-Butzemann

Gefütterte Jacke mit Kapuze

Wenn die Tage kürzer werden und buntes Laub den Herbst ankündigt, wird es Zeit für warme und wetterfeste Kleidung. Perfekt für den Übergang ist diese süße Jacke mit Zipfelkapuze und doppelter Knopfleiste, sie hält warm und sieht gleichzeitig schick aus.

Sie brauchen

Stoff

Als Außen- und Innenstoff eignen sich diverse Baumwollstoffe, Cord, Nicki, Fleece, Sweatshirtstoff, Jeans oder Canvas. Für den extra wärmenden Effekt sorgt eine Lage Volumenvlies zwischen den Stoffen.

- 60 (65:70:70:75:80:85:85) cm Außenstoff, 140 cm breit
- 60 (65:70:70:75:80:85:85) cm Innenstoff, 140 cm breit

Weiteres Material & Zubehör

- 60 (65:70:70:75:80:85:85) cm Volumenvlies, H630 (optional)
- Schrägband, 190 (205:215:225:235:250:260:270) cm lang
- 6 Knöpfe (für eine Wendejacke 6 Druckknöpfe)
- Kordel für den Aufhänger, 10 cm lang
- Passendes Nähgarn

 # Zuschneiden

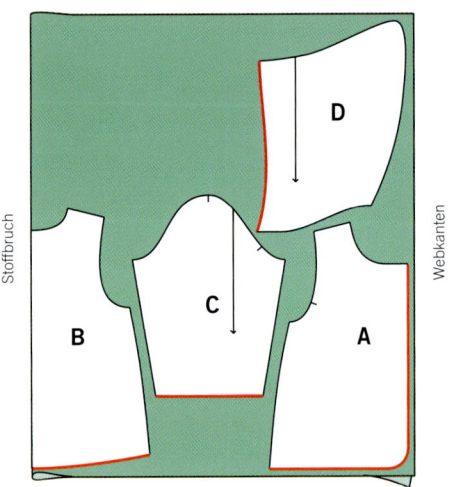

Schnittmusterbogen 3 orange
Größe 56 (62:68:74:80:86:92:98)
Schnittteile
A Vorderteil: 2× aus Außenstoff, 2× aus Innenstoff
B Rückenteil: 1× im Stoffbruch aus Außenstoff,
1× im Stoffbruch aus Innenstoff
C Ärmel: 2× aus Außenstoff, 2× aus Innenstoff
D Kapuze: 2× aus Außenstoff, 2× aus Innenstoff

Die Schnittteile gemäß dem Lageplan zuschneiden, an den rot markierten Kanten ohne Nahtzugabe, sonst mit 1 cm Nahtzugabe. Markierungen im Schnittteil als Knipse in die Nahtzugaben im Stoff übertragen.

So geht's

01 VOLUMENVLIES AUFBÜGELN
Das Volumenvlies nach Herstellerangaben auf die linke Stoffseite aller Teile aus Innenstoff bügeln.

02 LAGEN ZUSAMMENNÄHEN
Die Vorderteile aus Außenstoff rechts auf rechts auf das Rückenteil aus Außenstoff legen und mit 1 cm Nahtzugabe die Seiten- und die Schulternähte zusammennähen. Die Nahtzugaben auseinanderbügeln. Die gleichen Teile aus Innenstoff ebenso vorbereiten.

03 ÄRMEL
Die Vorderteile aus Außenstoff rechts auf rechts auf das Rückenteil aus Außenstoff legen und mit 1 cm Nahtzugabe die Seiten- und die Schulternähte zusammennähen. Die Nahtzugaben auseinanderbügeln. Die gleichen Teile aus Innenstoff ebenso vorbereiten.

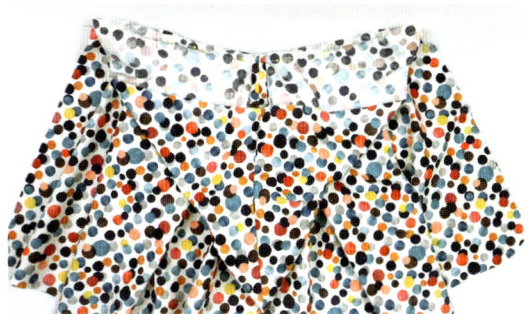

ren Kanten und der Kapuze sowie an den Ärmeln bündig stecken und knappkantig zusammennähen, das erleichtert das weitere Nähen.

06 MIT SCHRÄGBAND EINFASSEN

Das Schrägband aufklappen und entlang der Kante von der Innenjackenseite aus rundum feststecken, die Enden mit 2 cm Überlappung abschneiden, zusammennähen und die Nahtzugaben der kurzen Kante auseinanderbügeln. Das Schrägband in der ersten Bügelkante festnähen. Dann das Band um die offene Kante schlagen, von rechts feststecken und knappkantig absteppen. Die Ärmelsäume genauso einfassen.

04 KAPUZE

Die beiden Kapuzenteile aus Außenstoff rechts auf rechts aufeinanderlegen und entlang des Zipfels zusammennähen. Die Nahtzugaben auseinanderbügeln. Die Kapuze rechts auf rechts bis zu den Kanten an den Halsausschnitt stecken und mit 1 cm Nahtzugabe annähen. Die Nahtzugaben an den Rundungen einige Male einkerben. Die Kapuze für die Innenjacke genauso nähen, jedoch im Nacken zwischen Oberteil und Kapuze noch ein Stück Kordel oder Band als Aufhänger einnähen.

07 KNÖPFE

Wenn die Jacke nur einseitig getragen werden soll, kann man nun drei Knopflöcher nähen und die Knöpfe zweireihig anbringen. Wie weit die Vorderteile überlappen, sieht man, wenn die Jacke flach liegt und die Seitennähte sich genau an den Außenkanten befinden. Soll die Jacke als Wendejacke genutzt werden, wählen Sie Druckknöpfe, weil diese auf beiden Seiten gleich aussehen, und drücken Sie sie mit einer Zange an den entsprechenden Positionen ein.

05 LAGEN VERBINDEN

Die Außenjacke auf rechts drehen, die Innenjacke auf links. Die Innenjacke in die Außenjacke stecken. Die Nahtzugaben am Halsausschnitt und an der Schulter mit ein paar Stichen miteinander verbinden, damit dort später nichts verrutscht. Die offenen Kanten entlang des Saums, der vorde-

08 ÄRMEL UMSCHLAGEN

Die Ärmel können 4 cm umgeschlagen werden, so wächst die Jacke eine Weile mit.

Drachenzahn

Schultertuch mit Troddeln

Ein wärmendes Dreieckstuch für den Hals in bunten Farben ist nicht nur ein Hingucker, sondern auch warm und gemütlich. Durch einen eingearbeiteten Schlitz kann ein Ende durchgezogen werden, sodass das Tuch auch ohne Knoten flach über der Schulter liegt.

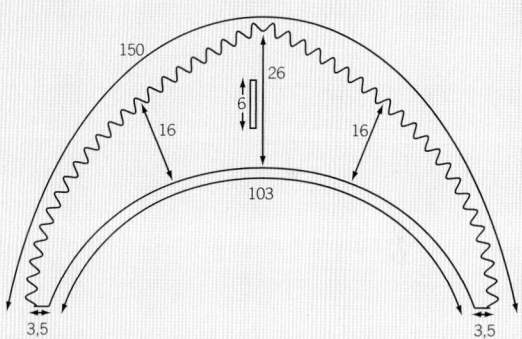

Sie brauchen

Wolle
• Dünnes Merinogarn, z.B. Life Style von Schoppel (Lauflänge 155 m/50 g; 100 % Wolle): 100 g in Weiß, je 50 g in Hellrot (Feuer), Violett (Oleander), Senf-gelb und Dunkelrot (Kardinal)

Weiteres Material & Zubehör
• Rundstricknadel Nr. 3
• Häkelnadel Nr. 2
• Stumpfe Sticknadel

Größe Einheitsgröße   Alle Angaben in cm

Grundmuster
Kraus rechts: In allen Hin- und Rückreihen rechte Maschen stricken.

Maschenprobe
25 Maschen und 54 Reihen kraus rechts mit Nadel Nr. 3 = 10 × 10 cm

So geht's

Hinweis: Der Rand wird mit kleinen Schlaufen aus gehäkelten Luftmaschen verziert, die ähnlich wie Noppen aussehen. Bei jeder Schlaufe wird eine Masche zugenommen.

Mit der Rundstricknadel 10 Maschen in Weiß anschlagen.

1. Reihe: Aus der 1. Masche mit der Häkelnadel 3 Luftmaschen heraushäkeln, die letzte Masche wieder auf die Stricknadel legen und diese sofort rechts abstricken. Die Reihe rechts beenden = 11 Maschen.

2. Reihe (Rückreihe): Rechts stricken.

3. Reihe (verkürzte Reihe): Stricken, bis noch 8 Maschen auf der linken Nadel liegen (Maschenmarkierer einhängen), die 8. Masche abheben, den Faden um diese Masche legen, Masche zurück auf die linke Nadel heben, die Arbeit wenden.

4. Reihe (Rückreihe): Rechts stricken.

5. und 6. Reihe: Rechts stricken.

Diese 6 Reihen stets wiederholen. Die Maschenanzahl vergrößert sich in diesen 6 Reihen immer um 1 Masche.

Nach 30 Reihen zu Violett wechseln. Mit der Zunahme in den Luftmaschenschlaufen an einer Seite stetig fortfahren.

Nach 60 Reihen zu Weiß wechseln.

Nach 90 Reihen zu Senfgelb wechseln.

Nach 150 Reihen zu Weiß wechseln.

Nach 180 Reihen zu Dunkelrot wechseln.

Nach 240 Reihen zu Weiß wechseln.

Nach 270 Reihen zu Hellrot wechseln.

Nach 330 Reihen zu Weiß wechseln.

Nach 345 Reihen ist die breiteste Stelle des Tuchs erreicht und es wird wieder abgenommen:

1. Reihe: Aus der 1. Masche mit der Häkelnadel 3 Luftmaschen heraushäkeln, die letzte Masche wieder auf die Stricknadel legen und sofort rechts abstricken (= plus 1 Masche). Die nächste Masche stricken und die rechts danebenliegende darüberziehen. Die nächsten 2 Maschen rechts zusammenstricken (= minus 2 Maschen).

2. Reihe (Rückreihe): Rechts stricken.

3. Reihe (verkürzte Reihe): Stricken, bis noch 8 Maschen auf der Nadel liegen, die 8. Masche abheben, den Faden um diese Masche legen, die Masche zurück auf die linke Nadel heben, wenden.

4. Reihe (Rückreihe): Rechts stricken.

5. und 6. Reihe: Rechts stricken.

Diese 6 Reihen stets wiederholen. Die Maschenanzahl verringert sich in diesen 6 Reihen immer um 1 Masche.

Nach 360 Reihen zu Senfgelb wechseln und einen **Schlitz** zum Durchziehen einarbeiten:

In der 1. Reihe der 3. Abnahmerunde nach dem Einstricken der Luftmaschen 24 Maschen stricken, 17 Maschen abketten und diese sofort wieder anschlagen. Danach die Reihe beenden und normal weiterstricken.

Nach 420 Reihen zu Weiß wechseln.

Nach 450 Reihen zu Violett wechseln.

Nach 510 Reihen zu Weiß wechseln.

Nach 540 Reihen zu Dunkelrot wechseln.

Nach 600 Reihen zu Weiß wechseln.

Nach 630 Reihen zu Hellrot wechseln.

Nach 660 Reihen zu Weiß wechseln.

Nach 690 Reihen abketten.

Drei kleine **Troddeln** in den Farben Senfgelb, Hellrot und Violett anfertigen und an die Ecken nähen. Alle Fäden vernähen.

Froschkönig & Rosenrot

Fäustlinge mit oder ohne Daumen

Um das Handgelenk sind diese Handschuhe etwas enger und rutschen so nicht herunter.

Verbindet man sie mit einem Band, das man durch die Ärmel des Anoraks zieht,

gehen sie ganz sicher nicht verloren.

Sie brauchen

Wolle

- Dünnes Merinogarn, z.B. Life Style von Schoppel (Lauflänge 155 m/50 g; 100 % Wolle): je 50 g in Grau (Schiefer) und Hellgrün (Gras) bzw. Grau (Schiefer) und Hellrot (Feuer)
- Kontrastfarbiger Faden aus ähnlichem Garn für die provisorische Anschlagsreihe, 3 m lang

Weiteres Material & Zubehör

- Häkelnadel Nr. 2,5
- 2 Nadelspiele Nr. 2,5
- Stumpfe Sticknadel
- Sicherheitsnadel oder Maschenraffer

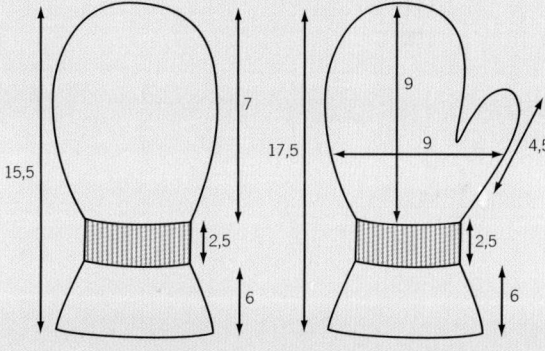

Alle Angaben in cm

Größe: 56/62 (ohne Daumen)
86/92 (mit Daumen)

Grundmuster

Glatt rechts in Runden: Alle Maschen rechts stricken.

Rippenmuster A: 2 Maschen rechts, 1 Masche links im Wechsel stricken.

Rippenmuster B: 1 Masche rechts, 1 Masche links im Wechsel stricken.

Bündchen Variante 1

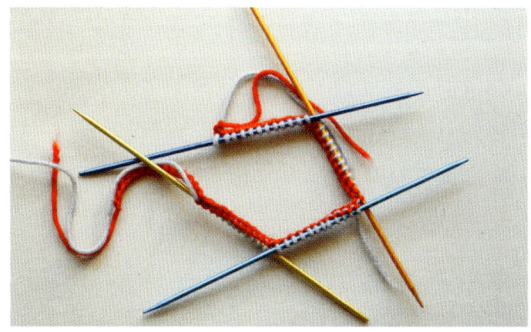

50 Luftmaschen mit kontrastfarbigem Garn häkeln. Auf der Rückseite der Luftmaschenkette mit grauer Wolle und dem Nadelspiel Nr. 2,5 48 Maschen anschlagen. Zur Runde schließen und 10 Runden im Rippenmuster B stricken.

Die Luftmaschenkette auflösen und mit dem zweiten Nadelspiel die Maschen aufnehmen (= 12 Maschen pro Nadel).

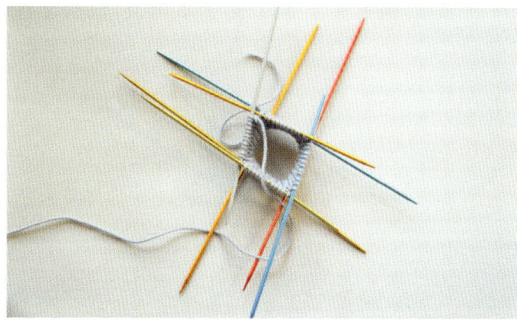

Das zweite Nadelspiel innen durchschieben, sodass die Nadeln beider Nadelspiele parallel liegen. Je eine Masche der einen Nadel mit einer Masche der parallel liegenden Nadel rechts zusammenstricken. Jetzt sind wieder 12 Maschen pro Nadel auf nur einem Nadelspiel. Zur grünen Wolle wechseln.

Bündchen Variante 2

Auf einer Nadel des Nadelspiels Nr. 2,5 mit grauer Wolle 48 Maschen anschlagen (die Anschlagreihe ist die 1. Reihe) und 3 Reihen kraus rechts stricken. Für den gedrehten Rand wie folgt stricken: [4 Maschen rechts, die rechte Nadel im Uhrzeigersinn um 360° drehen (= eine komplette Drehung)], stets wiederholen bis Reihenende. In der Rückreihe die Maschen auf 4 Nadeln verteilen (= 12 Maschen pro Nadel) und zur Runde schließen. 1 Runde rechts. Zur roten Wolle wechseln.

Flächenmuster nach Halbpatentart

1 Runde links stricken. In der nächsten Runde [1 Masche rechts, für die nächste Masche unter die linke Masche so einstechen, dass sich diese auflöst, und die Masche rechts abstricken] stets wiederholen bis Rundenende.

Maschenprobe

26 Maschen und 40 Reihen nach Halbpatentart mit Nadel Nr. 2,5 = 10 × 10 cm

So geht's

FÄUSTLINGE OHNE DAUMEN

Bündchen Variante 1 oder 2 stricken bis zum Farbwechsel.

1 Runde rechts.

Im Rippenmuster A 20 Runden stricken.

In der nächsten Runde die beiden rechten Maschen jeweils rechts zusammenstricken.

Zu Rippenmuster B wechseln und 10 Runden stricken = 32 Maschen/8 Maschen pro Nadel.

Die nächste Runde rechts stricken, dabei alle 5 Maschen 1 Masche rechts verschränkt aus dem Querfaden herausstricken = 38 Maschen/1× 9 Maschen, 1× 10 Maschen, 1× 9 Maschen und 1× 10 Maschen pro Nadel.

Wechsel zum Flächenmuster nach Halbpatentart: 26 Runden stricken (= 13× 1 Runde links/1 Runde tiefer gestochene Maschen). 1 Runde rechts.

Für die Spitze des Handschuhs wie folgt abnehmen:

*1. Nadel: 1 Masche rechts, 2 Maschen rechts zusammenstricken, die Nadel rechts beenden.

2. Nadel: Rechts stricken bis 3 Maschen vor Ende der Nadel, 2 Maschen rechts verschränkt zusammenstricken, 1 Masche rechts.

3. Nadel: 1 Masche rechts, 2 Maschen rechts zusammenstricken, die Nadel rechts beenden.

4. Nadel: Rechts stricken bis 3 Maschen vor Ende der Nadel, 2 Maschen rechts verschränkt zusammenstricken, 1 Masche rechts.

1 Runde rechts.

Ab * wiederholen, bis noch 10 Maschen übrig sind. Die Maschen der 1. und 2. Nadel und die der 3. und 4. Nadel auf je eine Nadel legen. Den Handschuh auf links drehen, dabei die beiden Nadeln mit den Maschen mit umdrehen. Die beiden Nadeln liegen parallel. Je 1 Masche der einen und 1 Masche der anderen Nadel zusammen abstricken und gleichzeitig abketten. Alle Fäden vernähen. Eine 90 cm lange Schnur mit der Strickliesel in Grau stricken und an den Bündchen annähen.

FÄUSTLINGE MIT DAUMEN

Bündchen Variante 1 oder 2 stricken bis zum Farbwechsel. 1 Runde rechts.

Im Rippenmuster A 20 Runden stricken.

In der nächsten Runde die beiden rechten Maschen jeweils rechts zusammenstricken.

Zu Rippenmuster B wechseln und 10 Runden stricken = 32 Maschen/8 Maschen pro Nadel.

In der nächsten Runde alle rechten Maschen verdoppeln: Aus 1 Masche 1 Masche rechts verschränkt herausstricken, nicht von der linken Nadel ziehen, noch 1 Masche rechts herausstricken, abheben = 48 Maschen/12 Maschen pro Nadel.

1 Runde rechts.

Dann im Flächenmuster nach Halbpatentart 18 Runden stricken.

Für den Daumen die letzten 5 Maschen der 2. Nadel und die ersten 5 Maschen der 3. Nadel auf einer Sicherheitsnadel oder einem Maschenraffer stilllegen. Über die verbliebenen 38 Maschen 20 Runden im Flächenmuster stricken.

Die Spitze wie beim Handschuh ohne Daumen arbeiten.

Für den Daumen die 10 Maschen auf die vier Nadeln des Nadelspiels verteilen und im Zwickel zwischen Handfläche und Daumen noch 2 Maschen aufnehmen = 3 Maschen pro Nadel. 14 Runden rechts stricken.

Für die Spitze des Daumens wie folgt abnehmen:

1. Nadel: 1 Masche rechts, 2 Maschen rechts zusammenstricken.

2. Nadel: 2 Maschen rechts verschränkt zusammenstricken, 1 Masche rechts.

3. Nadel: 1 Masche rechts, 2 Maschen rechts zusammenstricken.

4. Nadel: 2 Maschen rechts verschränkt zusammenstricken, 1 Masche rechts = 8 Maschen.

1 Runde rechts.

Die beiden Maschen pro Nadel zusammenstricken = 4 Maschen.

Den Faden abschneiden und durch die verbliebenen Maschen ziehen. Alle Fäden vernähen.

Baumeisterlein

Buddelhose

Es gibt kein schlechtes Wetter, es gibt nur schlechte Kleidung. Wer auch bei Wind und

Regen nicht auf ausgiebige Waldspaziergänge und Spielplatztreffen verzichten will oder gar

in den Waldkindergarten geht, ist mit dieser praktischen Matschhose optimal ausgestattet.

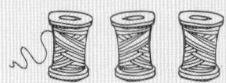

Sie brauchen

Stoff

Unbedingt wasserdichte Stoffe verwenden. Das sind beschichtete Stoffe aus Baumwolle oder Kunstfasern mit einer Polyurethan-Beschichtung (PU) bzw. Laminatstoffe. Es gibt auch spezielle Stoffe für Regenkleidung. Der Stoff muss für Bekleidung geeignet, also waschbar, nicht zu steif und frei von schädlichen Stoffen wie PVC sein.

- 60 (65:70:75:80) cm beschichteter Stoff, 140 cm breit

Weiteres Material & Zubehör

- Gummiband, 160 cm lang, 2,5 cm breit
- 2 Latzhosenschließen
- Evtl. Nahtband (Seamtape), um die Nähte wasserdicht zu machen
- Passendes Nähgarn
- Stoffklammern (Wonderclips)

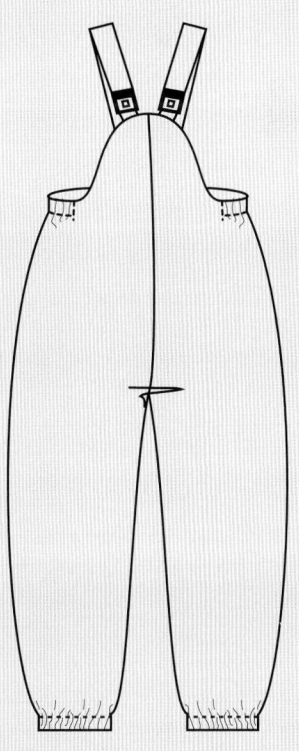

 # Zuschneiden

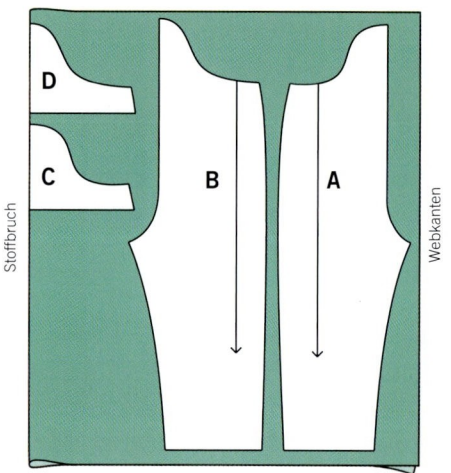

Schnittmusterbogen 4 orange
Größe 74 (80:86:92:98)
Schnittteile
A Vordere Hose: 2× gegengleich aus beschichtetem Stoff
B Hintere Hose: 2× gegengleich aus beschichtetem Stoff
C Vorderer Beleg: 1× im Stoffbruch aus beschichtetem Stoff oder aus einem anderen Baumwollstoff
D Hinterer Beleg: 1× im Stoffbruch aus beschichtetem Stoff oder aus einem anderen Baumwollstoff

Die Schnittteile gemäß dem Lageplan mit 1 cm Nahtzugabe zuschneiden.

So geht's

01 MITTELNÄHTE SCHLIESSEN

Die vorderen Hosenteile rechts auf rechts aufeinanderlegen. An der Mittelnaht mit Stoffklammern fixieren und mit 1 cm Nahtzugabe zusammennähen. Die Nahtzugabe in der Rundung einkerben und auseinanderbügeln. Ggf. mit Nahtband versiegeln. Die hinteren Hosenteile ebenso vorbereiten.

02 BEINNÄHTE SCHLIESSEN

Vordere und hintere Hose rechts auf rechts aufeinanderlegen und entlang der äußeren sowie der inneren Beinnähte zusammennähen. Die Mittelnähte von vorderer und hinterer Hose liegen genau übereinander. Die Nahtzugaben so gut es geht auseinanderbügeln und die Nähte gegebenenfalls mit Nahtband versiegeln. Es genügt, die äußeren Beinnähte von unten bis zur Hüfte zu versiegeln.

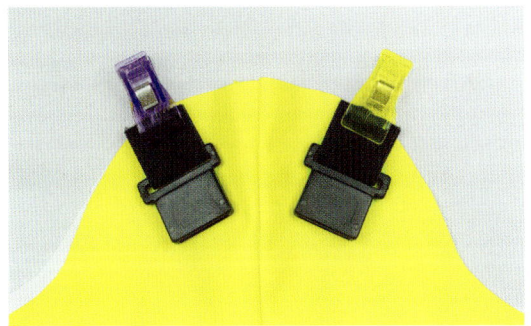

03 TRÄGER

Die Hose auf rechts wenden. Zwei Gummistücke à 5 cm abschneiden und in das untere Teil des Latzhosenverschlusses fädeln. Mit der rechten Verschlussseite nach unten knappkantig vorn an den Latz nähen. Zwei 35 cm lange Gummistücke abschneiden und in das andere Ende des Verschlusses fädeln, mit der rechten Verschlussseite nach unten knappkantig hinten an den Latz nähen – wegen der Rundung der Hose kreuzen sich die Gummibänder.

04 BELEGE

Die Belege rechts auf rechts aufeinanderlegen und nur die kurzen Seiten zusammennähen. Die Nahtzugaben auseinanderbügeln und die unteren Belegkanten versäubern. Beleg und Hose entlang der oberen Kante rechts auf rechts aufeinanderstecken. Achtung, die Krümmung ist vorn und hinten unterschiedlich. Die Träger liegen allesamt zwischen den Stofflagen, die Seitennähte von Hose und Beleg liegen exakt übereinander. Entlang der Kante mit 1 cm Nahtzugabe zusammennähen und die Nahtzugaben an den Rundungen einkerben. Nun den Beleg nach innen wenden und die Kante so gut es geht ausbügeln und nach Belieben knappkantig absteppen.

05 GUMMIZUG FÜR BESSERE PASSFORM

An den Seiten – unter den Armen – einen 3 cm breiten Tunnel abnähen, aber nur so lang, wie die Strecke gerade ist, dann zwei 10 cm lange Gummistücke abschneiden und mithilfe einer Sicherheitsnadel durch die Tunnel ziehen. Die Enden am Tunnelanfang und -ende mit einer kurzen Steppnaht fixieren.

06 SAUM

Für den Saum zwei 18 cm lange Gummistücke abschneiden und an den kurzen Kanten zu einem Ring zusammennähen. Rechts auf rechts bündig und gedehnt an den unteren Beinsaum stecken, eine große Stichlänge wählen und mit 1 cm Nahtzugabe festnähen. Den Gummiring nach unten klappen, dann noch zweimal nach innen schlagen, bis von dem Gummi nichts mehr zu sehen ist. Nochmals den Saum gedehnt mit 2 cm Nahtzugabe und großer Stichlänge (4–5) absteppen.

07 STEGE ANNÄHEN

Zwei Gummistücke à 12 cm abschneiden und je einen am Beinabschluss von Seitennaht zu Seitennaht nähen. Die kurzen Kanten der Gummistücke minimal nach innen einschlagen, damit sie nicht ausfransen. Diese Stege liegen später unter dem Kinderfuß und halten die Hose sicher in den Gummistiefeln.

VARIANTE: GEFÜTTERTE HOSE

Für eine weich gefütterte Buddelhose schneiden Sie die vordere und die hintere Hose einmal aus Außen- und einmal aus Innenstoff (zum Beispiel gewebte Baumwolle, Flanell oder Jersey) zu. Den Beleg brauchen Sie nicht! Lassen Sie in der Innenhose an beliebiger Stelle eine Naht ein Stück offen, um die Hose zu wenden. Die offene Naht wird zum Schluss per Hand oder mit der Maschine geschlossen. Die beiden Hosen nähen Sie rechts auf rechts zusammen. Beachten Sie, dass die Träger zwischen den Stofflagen liegen, wenn Sie die obere Kante schließen. Die beiden Stofflagen an den Beinsäumen knappkantig absteppen, bevor Sie die Gummis am Beinabschluss – wieder nach Anleitung – ein- und annähen.

TIPP

Beschichtete Stoffe zu vernähen ist deutlich einfacher, wenn man ein paar Kniffe kennt.

- Als Nadel wählen Sie eine 80er-Universalnadel, sie sollte unbedingt neu und schön spitz sein.
- Einfaches Polyestergarn ist am robustesten.
- Der Stich sollte nicht kleiner als 2,5 sein, da der Stoff sonst zu stark perforiert ist und ausreißen könnte.
- Beschichtete Stoffe sollte man nicht mit Nadeln stecken, da durch die entstandenen Löcher Wasser eindringen kann und die Löcher sichtbar bleiben. Stecken Sie die Nadeln nur innerhalb der Nahtzugabe oder verwenden Sie Stoffklammern (Wonderclips).
- Beim Zuschneiden arbeiten Sie am besten mit Gewichten. Schneiden Sie den Stoff mit einem Rollschneider auf einer Schneidematte zu, dann können die beschwerten Stofflagen – anders als beim Zuschneiden mit der Schere – nicht verrutschen.
- Beim Ausbügeln der Nähte bzw. beim Aufbügeln von Nahtband achten Sie unbedingt auf die Herstellerangaben zur maximalen Bügeltemperatur – meistens Stufe 1 – und legen Sie zur Sicherheit ein Baumwolltuch oder Küchenpapier zwischen Stoff und Bügeleisen.
- Mit speziellem Nahtband (Seamtape) kann man die Nähte auf Wunsch versiegeln, sodass kein Wasser durchdringt. Es wird auf die auseinandergeklappte Nahtzugabe gebügelt. Die genauen Bügeleinstellungen sind abhängig vom verwendeten Nahtband und werden – falls nicht angegeben – am besten beim Hersteller erfragt. Ohne das Nahtband kann an den Nähten Wasser eindringen. Bei normalem Regen und Spritzwasser stellt das jedoch kein Problem dar. Wenn das Kind nicht zu lange in nassem Sand oder Ähnlichem sitzt, kann man auch darauf verzichten.

Gelbkäppchen

Hut für Sonnen- und Regentage

Wer gern draußen spielt, muss auch gut geschützt sein. Der Hut nach Art eines Nord-westers lässt sich mit entsprechenden Stoffen sowohl als Sonnen- als auch als Regenhut nähen und schützt die zarte Kinderhaut mit seiner Krempe, die im Nacken breiter wird.

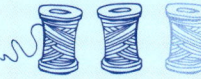

Sie brauchen

Stoff

Für den Sonnenhut wählt man für innen und außen Baumwollstoffe. Der Regenhut braucht außen einen wasserabweisenden Stoff und innen Baumwollstoffe.

- 30 (30:35:40:40) cm Außenstoff, 110 oder 140 cm breit
- 30 (30:35:40:40) cm Innenstoff, 110 oder 140 cm breit

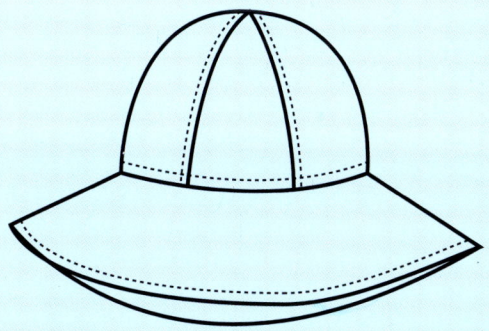

Weiteres Material & Zubehör

- Kordel oder Bändchen, 50 cm lang
- Ca. 40 cm Vlieseline, H180, zum Verstärken der Krempe für den Sonnenhut
- Passendes Nähgarn

 # Zuschneiden

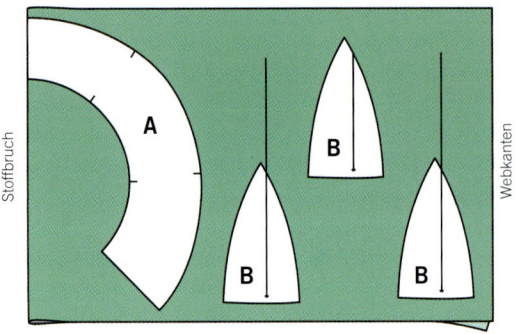

Schnittmusterbogen 6 orange
Größe 36 (40:44:48:52) cm Kopfumfang
Schnittteile
A Krempe: 1× im Stoffbruch aus Außenstoff, 1× im Stoffbruch aus Innenstoff, falls verwendet 1× aus Vlieseline
B Hutteil: 6× aus Außenstoff, 6× aus Innenstoff

Die Schnittteile gemäß dem Lageplan mit 1 cm Nahtzugabe zuschneiden. Die Markierungen an der Krempe als Knipse in die Nahtzugabe im Stoff übertragen. Der Hut ist auf den ersten Blick nicht kompliziert zu nähen, aber Sie sollten sehr sorgfältig arbeiten, da die Teile ansonsten nicht zusammenpassen. Dazu gehört auch, die Nahtzugabe exakt zuzuschneiden.

So geht's

Beachten Sie beim Regenhut bitte die Nähtipps für beschichtete Stoffe auf Seite 124.

01 HUTTEILE FÜR DEN OBERKOPF ZUSAMMENNÄHEN

2× 3 Hutteile des Außenstoffs rechts auf rechts aneinandernähen, dabei an der Spitze oben immer 1 cm der Naht offen lassen, dann lassen sich die Huthälften später leichter zusammennähen. Bitte unbedingt darauf achten, dass die Nahtzugabe beim Zusammennähen der Hutteile genau eingehalten wird, sonst passt die Krempe später nicht mehr daran. Die Nahtzugaben auseinanderbügeln, nur bei Regenstoff die Nahtzugaben in eine Richtung legen und die Naht von außen knappkantig absteppen, damit sie flach liegt – dabei wieder an der Spitze 1 cm offen lassen. Dann die beiden Huthälften (bestehend aus jeweils 3 Hutteilen) aneinandernähen, die letzten 4 cm auf einer Seite offen lassen, diese werden erst später mit der Krempe geschlossen. Die Nahtzugaben auseinanderbügeln, aber noch nicht absteppen.

02 KREMPE ANNÄHEN

Die Krempe mit der inneren Rundung rundum rechts auf rechts an den Hut stecken, die Knipse liegen auf den Hutnähten. Bei beschichtetem Stoff kann es sein, dass man die Krempe beim Annähen etwas dehnen muss. Die Enden der Krempe enden dabei an der 4-cm-Öffnung der Hutteile. Nun diesen offen gelassenen Schlitz und die Krempennaht in einem Zug schließen und diese Hutnaht komplett absteppen.

03 INNENSTOFF NÄHEN

Den Hut aus Innenstoff genauso nähen, aber eine ca. 5 cm große Öffnung in einer Hutnaht lassen, durch die der Hut später gewendet wird. Die Kordeln (2× 25 cm) seitlich zwischen Krempe und Hutteil einnähen. Dazu die Kordelstücke auf der rechten Stoffseite des Hutteils einander gegenüberliegend mittig an den seitlichen Hutteilen platzieren, die Kordeln zeigen in den Hut und die Enden liegen an der Stoffkante. Mit ein paar Stichen festnähen und anschließend die Krempe rechts auf rechts annähen, sodass die Kordel zwischen den beiden Stofflagen liegt.

04 INNEN UND AUSSEN VERBINDEN

Die beiden Hüte aus Innen- und Außenstoff am äußeren Rand der Krempe rechts auf rechts aufeinanderstecken, die Markierungen entlang der Krempe liegen aufeinander. Mit 1 cm Nahtzugabe rundum zusammennähen.

05 HUT WENDEN

Die Nahtzugabe an der Krempenaußenkante auf 5 mm zurückschneiden und den Hut durch die Wendeöffnung stülpen. Die Öffnung von Hand mit Matratzenstich oder mit der Maschine schließen.

06 HUT FERTIGSTELLEN

Zum Schluss den Krempenrand in Form bügeln und rundum absteppen. Dann werden Außen- und Innenhut am Krempenansatz zusammengenäht, dabei darauf achten, dass die Nähte von Außen- und Innenhut exakt aufeinanderliegen. Bei Regenhüten genügt es, wenn man Außen- und Innenhut an den Steppnähten der Hutteile mit ein paar Stichen zusammennäht. Wenn Sie möchten, können Sie oben auf den Hut, wo die Hutteile zusammentreffen, noch einen passenden – eventuell selbst bezogenen (siehe Tipp) – Knopf nähen.

TIPP

Um einen Zierknopf selbst zu beziehen, gibt es im Handel tolle Sets. Man kann aber auch ganz einfach einen normalen Knopf beziehen, indem man einen Kreis mit doppeltem Durchmesser des Knopfs auf Stoff zeichnet und ausschneidet. Nähen Sie mit einer Handnähnadel und doppeltem Faden entlang des Stoffrands 5 mm lange Reihstiche. Legen Sie den Knopf hinein und ziehen Sie an beiden Enden des Fadens, sodass der Stoff sich um den Knopf herum zusammenzieht. Wenn der Stoff stramm liegt, den Faden verknoten oder vernähen.

Sticken

Drei einfache Stiche reichen völlig aus, um wunderschöne Verzierungen wie Blumen oder einen Schmetterling an selbst genähte – oder auch gekaufte – Kleider zu zaubern. Vorlagen für die abgebildeten Motive finden Sie auf Seite 141.

Kettenstich

Mit dem Kettenstich kann man Formen umranden und so eine Kontur ziehen.

Nach dem Einstechen der Nadel ca. 3 mm weiter in der gewünschten Richtung wieder ausstechen, dabei den Faden zur Schlaufe und unter die Nadel legen. Die Nadel herausziehen. Ganz dicht neben der Ausstichstelle wieder einstechen, 3 mm weiter wieder ausstechen und den Faden zur Schlaufe und unter die Nadel legen. Die Nadel herausziehen usw. Es entsteht das Bild einer Gliederkette, daher der Name Kettenstich.

Hexenstich

Der Hexenstich ist ein einfacher, aber attraktiver Zierstich für Borten, etwa am Halsausschnitt oder an den Säumen, und eignet sich darüber hinaus auch zum elastischen Versäumen von dicken Stoffen sowie Bündchenstoff.

Er wird von links nach rechts gearbeitet, aber eingestochen wird von rechts nach links – man arbeitet quasi »rückwärts«. Die kurzen Stiche verlaufen auf zwei gedachten parallelen Linien, die auf der Rückseite später wie zwei parallele Linien von Heftstichen aussehen. Die Nadel von links oben schräg nach rechts unten führen, dort einstechen und ein kurzes Stück weiter links davon wieder ausstechen. Dann die Nadel von links unten schräg nach rechts oben führen, dort einstechen und ein kurzes Stück weiter links davon wieder ausstechen usw.

Plattstich

Der Plattstich kann zum Füllen von Flächen oder für kleine Blumen benutzt werden.

Die Stichbreite kann variiert werden. Durch eng nebeneinanderliegende Ein- und Ausstiche bilden sich parallele Schlingen, die eine Fläche füllen. Für Blümchen einen Mittelpunkt festlegen; dort immer wieder ausstechen und rundherum einstechen.

Badenixe

Windelhöschen oder Schwimmwindel

*Das süße Windelhöschen ist perfekt unter einem weiten Kleid, um die Windel zu
verstecken, wenn das Kleid hochrutscht (siehe Bild S. 74). Der Clou an dem Schnittmuster:
Aus Badeanzugstoff genäht entsteht eine wiederverwendbare Schwimmwindel.*

Sie brauchen

Stoff

Für die Schwimmwindel
- 30 cm Badeanzugstoff für außen
- 30 cm PUL-Stoff für innen

Für das Windelhöschen
- 30 cm Außenstoff
- 30 cm Innenstoff aus gewebter Baumwolle

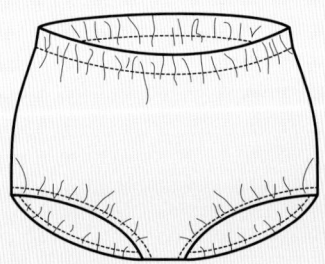

Weiteres Material & Zubehör
- 2× 27 (28:29:30:31:32:33:34) cm Gummiband,
  1 cm breit
- 41 (42:43:44:45:46:47:48) cm Gummiband, 2,5 cm
  breit
- Passendes Nähgarn
- 30 cm Kordel als Schleife, falls gewünscht

Zuschneiden

Schnittmusterbogen 2 rot
Größe 56 (62:68:74:80:86:92:98)
Schnittteile
A Vorderes Teil: 1× im Stoffbruch aus Außenstoff,
1× im Stoffbruch aus Innenstoff
B Hinteres Teil: 1× im Stoffbruch aus Außenstoff,
1× im Stoffbruch aus Innenstoff

Die Schnittteile gemäß dem Lageplan mit 1 cm
Nahtzugabe zuschneiden.

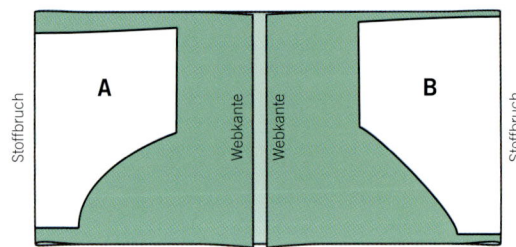

So geht's

01 SCHRITTNAHT SCHLIESSEN
Das vordere und hintere Teil aus Außenstoff
an der Schrittnaht – rechts auf rechts liegend – mit
1 cm Nahtzugabe zusammennähen und die Nahtzugaben auseinanderbügeln (bei der Schwimmwindel
mit niedriger Temperatur und einem Baumwolltuch
zwischen Bügeleisen und Stoff). Die beiden Teile
aus Innenstoff ebenso vorbereiten.

02 BEINAUSSCHNITTE NÄHEN
Die beiden Hosen aus Außenstoff und
Innenstoff rechts auf rechts aufeinanderlegen und
entlang der Beinausschnitte mit 1 cm Nahtzugabe
zusammennähen. Die Nahtzugabe in den Rundungen einkerben und die Hose auf rechts wenden,
sodass die Nahtzugabe innen zwischen den beiden
Stofflagen liegt. Die Nähte ausbügeln.

03 SEITENNÄHTE SCHLIESSEN
Die Seitennähte von Innen- und Außenho-
se jeweils mit der gegenüberliegenden Seite rechts
auf rechts zusammennähen. Die Nähte, an denen

Außenstoff und Innenstoff aneinandergenäht sind,
liegen danach jeweils exakt übereinander. Die Nahtzugaben auseinanderbügeln.

04 GUMMI FÜR DIE BEINAUSSCHNITTE
Die Beinausschnitte mit 1,2 cm Kantenabstand absteppen, dabei an den Seitennähten eine
Öffnung von 2 cm lassen. Durch die Öffnungen je
einen 1 cm breiten Gummi in angegebener Länge
einziehen (bei schmalen Kindern den Gummi später
am Kind nachmessen und evtl. kürzen), die Enden
zusammennähen und im Tunnel verschwinden
lassen. Die Tunnelöffnung zunähen.

05 BÜNDCHEN
Außen- und Innenstoff an der Bundkante
bündig links auf links aufeinanderstecken, knappkantig zusammennähen und die offenen Kanten
versäubern – alternativ die Naht mit der Overlock
nähen. Nun die Bundkante 3 cm nach innen
einschlagen, bügeln und mit etwa 2,7 cm Kantenabstand absteppen. An einer Seitennaht eine 4 cm

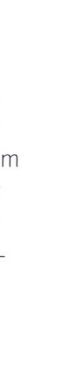

große Öffnung zum Einziehen des Gummis lassen. 2,5 cm breites Gummiband in angegebener Länge zuschneiden (bei schmalen Kindern den Gummi am Kind nachmessen) und mit einer Sicherheits- oder Durchziehnadel in den Bundtunnel einziehen. Die Enden zusammennähen und im Tunnel verschwinden lassen. Die Tunnelöffnung zunähen.

06 SCHLEIFE

Wer mag, bindet ein Stück Kordel zur Schleife und näht sie mit wenigen Handstichen vorn auf den Bund. So sieht das Höschen weniger nach Unterwäsche aus.

TIPP

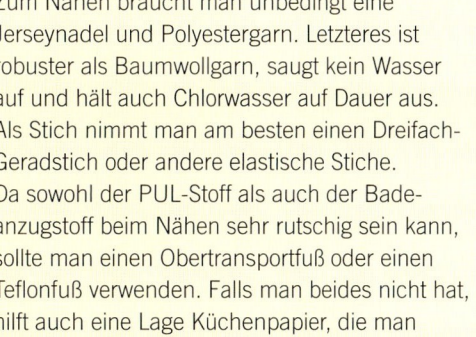

Badeanzugstoffe sind sehr elastische Jerseystoffe aus zum Beispiel Polyamid oder Polyester und Elasthan (LYCRA®). Die Kunstfasern haben den Vorteil, dass sie sich nicht mit Wasser vollsaugen und die Badebekleidung formstabil bleibt, außerdem trocknet der Stoff sehr viel schneller. Das Elasthan sorgt für die nötige Elastizität. PUL steht für »polyurethan laminated«. Bei PUL-Stoffen handelt es sich um Polyestergewebe (manchmal auch andere Hauptfasern), die auf einer Seite mit einer dünnen Schicht Polyurethan beschichtet sind. Sie verhindert das Auslaufen, ist aber trotzdem noch etwas atmungsaktiv und dehnbar. Die meisten PUL-Stoffe sind bis zu 60 °C waschbar (auf Herstellerangaben achten).

Zum Nähen braucht man unbedingt eine Jerseynadel und Polyestergarn. Letzteres ist robuster als Baumwollgarn, saugt kein Wasser auf und hält auch Chlorwasser auf Dauer aus. Als Stich nimmt man am besten einen Dreifach-Geradstich oder andere elastische Stiche. Da sowohl der PUL-Stoff als auch der Badeanzugstoff beim Nähen sehr rutschig sein kann, sollte man einen Obertransportfuß oder einen Teflonfuß verwenden. Falls man beides nicht hat, hilft auch eine Lage Küchenpapier, die man zwischen Stoff und Nähmaschinenfuß legt und mitnäht. Anschließend kann man das Papier einfach wieder abreißen.

Meereskönig

Bade- und Strandponcho

Ob nach dem Baden, abends über dem Schlafanzug, als Sonnen- und Windschutz am Strand oder im Schwimmbad – der Poncho hält warm, eignet sich zum Abtrocknen und man kann ihn individuell gestalten.

Sie brauchen

Stoff
Als Material eignet sich am besten Frotteestoff.
• 80 (90:100) cm Stoff, 140 cm breit

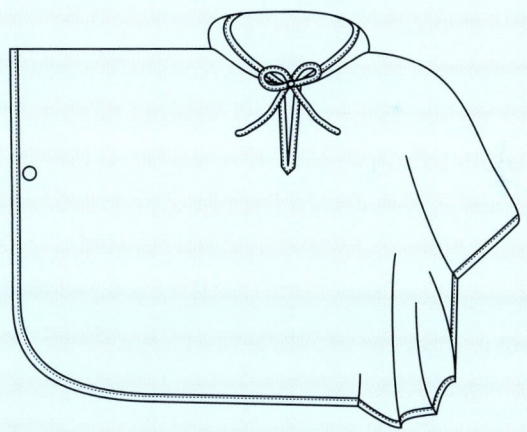

Weiteres Material & Zubehör
• Schrägband, 370 (410:450) cm lang
• 2 Druckknöpfe
• Passendes Nähgarn

 # Zuschneiden

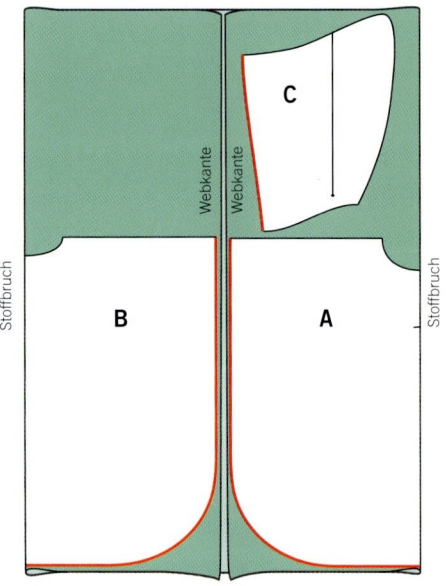

Schnittmusterbogen 1 rot
Größe 68/74 (80/86:92/98)
Schnittteile
A Vorderteil: 1× im Stoffbruch (vom Halsausschnitt bis zur Markierung am Stoffbruch entlang einschneiden)
B Rückenteil: 1× im Stoffbruch
C Kapuze: 2×

Die Schnittteile gemäß dem Lageplan zuschneiden. An den rot markierten Kanten ohne Nahtzugabe zuschneiden, ansonsten mit 1 cm Nahtzugabe.

So geht's

Schlafsack, Seite 30, Schritt 8). Dazu zieht man den Schlitz am besten auseinander und näht das Schrägband an, als bildeten die beiden Schlitzseiten eine Gerade. Überstand abschneiden. Wenn das Schrägband abgesteppt ist, wird die untere Ecke spitz abgenäht.

02 VORDER- UND RÜCKENTEIL ZUSAMMENNÄHEN
Vorder- und Rückenteil nur an den Schulternähten rechts auf rechts mit 1 cm Nahtzugabe zusammennähen. Die offenen Schnittkanten versäubern und die Nahtzugaben zum Rückenteil hin bügeln.

01 SCHLITZ AM HALSAUSSCHNITT EINFASSEN
Den Schlitz am Vorderteil mit Schrägband einfassen (eine detaillierte Anleitung finden Sie beim

03 KAPUZE NÄHEN

Die beiden Kapuzenteile rechts auf rechts am Hinter- und am Oberkopf Richtung Zipfel zusammennähen, die offenen Kanten versäubern und die Nahtzugaben so gut es geht in eine Richtung bügeln.

04 KAPUZE EINNÄHEN

Die vorbereitete Kapuze rechts auf rechts in den Halsausschnitt stecken. Die vorderen Kapuzenkanten enden exakt am Stoffbruch der Schrägbandkanten. Die Kapuze mit 1 cm Nahtzugabe annähen und die offenen Kanten versäubern.

05 EINFASSEN MIT SCHRÄGBAND

Zuerst die vordere Kapuzenkante mit Schrägband einfassen, dabei am Anfang und am Ende je 20 cm Schrägband überstehen lassen und in einem Zug mit absteppen. Mit diesen Enden kann man später eine Schleife binden, um den Poncho zu schließen. Nun rundum den Poncho mit Schrägband einfassen, am besten an einer Schulternaht beginnen und enden.

mit Stretchanteil verstärkt man die Stellen für die Druckknöpfe auf der linken Stoffseite mit Bügeleinlage oder einem Stückchen nicht dehnbarem Baumwollstoff, damit die Druckknöpfe auch bei Belastung nicht ausreißen. Für unser Modell haben wir ein Stück Schrägband verwendet, weil es farblich gut passt.

06 DRUCKKNÖPFE ANBRINGEN

Den Poncho links auf links flach hinlegen. An der Seite mit 10 cm Abstand zur Schulternaht Druckknöpfe anbringen, um den Poncho an den Armen zu halten. Bei sehr dünnen Frotteestoffen

Vorlagen

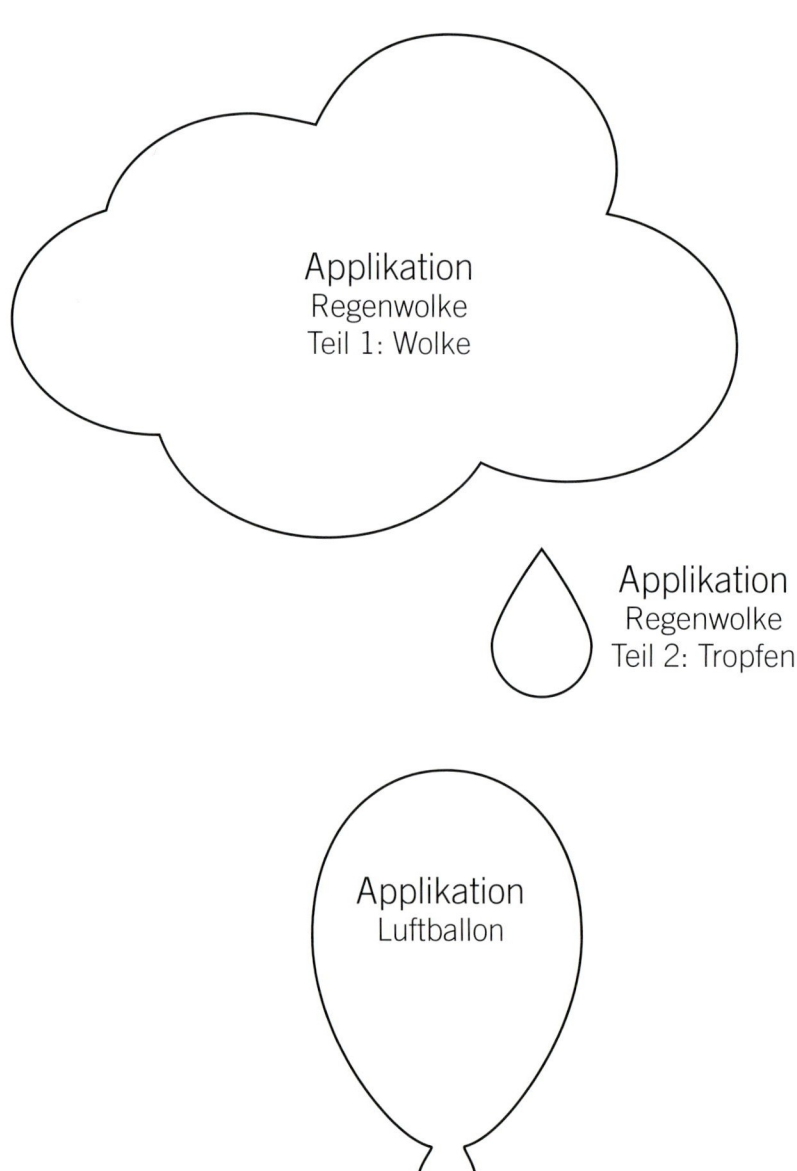

Applikation
Regenwolke
Teil 1: Wolke

Applikation
Regenwolke
Teil 2: Tropfen

Applikation
Luftballon

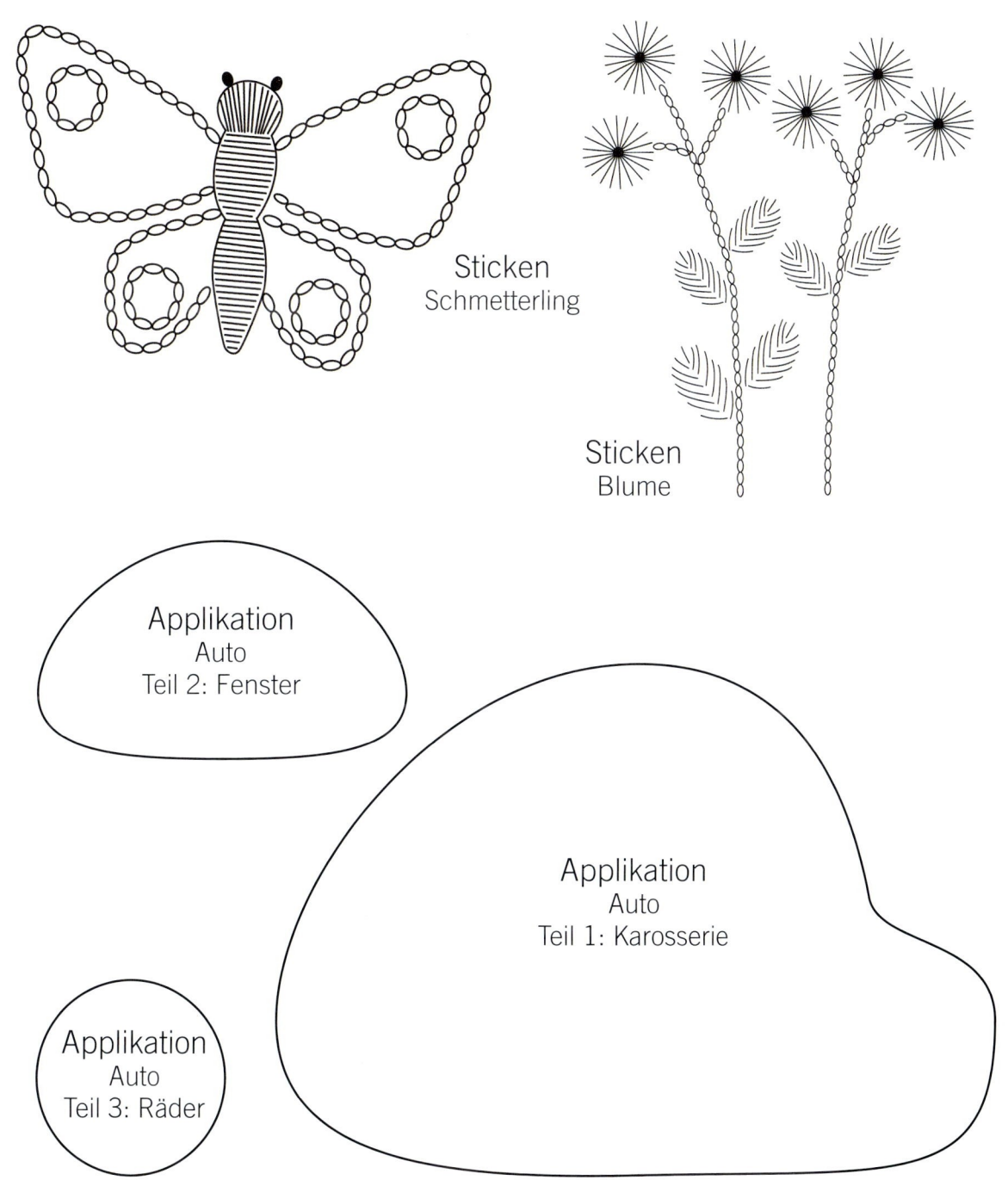

Sticken
Schmetterling

Sticken
Blume

Applikation
Auto
Teil 2: Fenster

Applikation
Auto
Teil 1: Karosserie

Applikation
Auto
Teil 3: Räder

Bezugsquellen

Tolle Stoffe und Garne zum Nacharbeiten finden Sie
bei diesen Herstellern:

WOLLE

Babygarne
www.babygarne.de
*Innovative Garne in besonderen Qualitäten sowie
Zubehör*

Manos del Uruguay
www.manosyarns.de
Hochwertige und edle Handstrickgarne

Lang Yarns
www.langyarnsshop.de
Hochwertige Handstrickgarne aus edlen Naturfasern

Rosy Green Wool
rosygreenwool.com
Garne aus Bio-Merinowolle

Schoppel Wolle
www.schoppel-wolle.de
Hochwertige Handstrickgarne

Mrs Crosby Loves to Play
www.mrscrosbyplays.de
Handgefärbtes Garn.

Schmeichelgarne
www.schmeichel-partner.de
Auswahl an Garnen verschiedener Hersteller

STOFFE

Blumenkinder
www.blumenkinder.eu
Z.B. Frotteestoff

Manu-Faktur Design
www.manu-faktur.eu
Z.B. Leder

Alles-fuer-selbermacher
www.alles-fuer-selbermacher.de
Z.B. Badeanzugstoff

1bis3.de
www.1bis3.de
Z.B. PUL-Stoff

STOFF & STIL
www.stoffundstil.de
*Große Auswahl an Stoffen, auch beschichtete Stoffe,
und Nähzubehör*

Ein besonderes **Dankeschön** geht an alle oben
genannten Hersteller für die Unterstützung mit
Material, v. a. an STOFF & STIL für die vielen tollen
Stoffe. Außerdem danken wir PINKEPANKShop
für die schönen Accessoires fürs Fotoshooting
(www.pinkepankshop.com), Josephine Jenssen
von Lila Lämmchen für ihre Kleiderleihgabe
(www.lilalaemmchen.de), Gaby Durst für die Maschenmarkierer und natürlich unseren Models Lucia,
Yannis, Mathilda, Lina, Emma, Mila und Anuuk.

Über die Autorinnen

Svenja Morbach lebt mit ihrer Familie in Köln. Nach dem Abitur absolvierte sie eine Ausbildung zur Damenmaßschneiderin, an die sie ein Studium der Textil- und Bekleidungstechnik an der Hochschule Niederrhein anschloss. Inspiriert von ihrer kleinen Tochter und auf der Suche nach praktischen und durchdachten Schnittmustern gründete sie noch während des Studiums das Label »Lotte & Ludwig«. Unter diesem Namen gibt es besondere Schnitt-muster und Nähanleitungen als E-Books für die ganze Familie.

www.lotteundludwig.de
www.facebook.com/lotteundludwig

Angela Mayer Spannagel, Mutter von drei Kindern und Großmutter eines Enkelkindes, arbeitet als freischaffende Künstlerin und Restauratorin. Sie ist außerdem Dozentin für Kalligraphie, Zeichnen, Malerei und Stricken. Stricken ist zudem ihre liebste Freizeitbeschäftigung und ihre ganze Familie wurde und wird mit Selbstgestricktem ausgestattet. Nach ihrem ersten Buch »Stricken für Wollsüchtige« und der Geburt des Enkels war die Idee, ein Babybuch zu machen, mehr als naheliegend.

www.angela-mayer-spannagel.de
www.stricken-fuer-wollsuechtige.de

Mehr Inspiration beim Nähen & Stricken

€ 16,95 (D)/€ 17,50 (A)
978-3-8310-2261-8

€ 16,95 (D)/€ 17,50 (A)
978-3-8310-2395-0

€ 16,95 (D)/€ 17,50 (A)
978-3-8310-2550-3

€ 14,95 (D)/€ 15,40 (A)
978-3-8310-3155-9

Weitere Handarbeitsbücher
unter www.dorlingkindersley.de

© Dorling Kindersley Verlag GmbH, München, 2017
Ein Unternehmen der Penguin Random House Group
Alle Rechte vorbehalten

Fotografie Esther Meinel-Zottl außer:
Stepbilder Angela Mayer Spannagel, Svenja Morbach
Autorenfotos Svenja Morbach, Markus Schilch
Illustrationen Cover, S. 1, 11, 47, 75, 97
iStockphoto.com/Margarita_Tkachenko
Illustrationen Knöpfe, Garnrolle, Wollknäuel, Schere
iStockphoto.com/UTurnPix
Illustrationen handgezeichnete Punkte
istockphoto.com/OliaFedorovsky
Gestaltung, Typografie, Realisation Barbara Prasch
Lektorat Anna Gülicher-Loll

Für den DK Verlag
Programmleitung Monika Schlitzer
Redaktionsleitung Caren Hummel
Projektbetreuung Katharina May
Herstellungsleitung Dorothee Whittaker
Herstellungskoordination Arnika Marx
Herstellung Stephanie Sarlos

ISBN 978-3-8310-3264-8

Repro Farbsatz, Neuried/München
Druck und Bindung RR Donnelley Asia Printing Solutions
Limited, China

Besuchen Sie uns im Internet
www.dorlingkindersley.de